CANIADAU

CANIADAU

T. GWYNN JONES

HUGHES

Argraffiad cyntaf: 1934
Argraffiad newydd: Tachwedd 1992
Hawlfraint, Hughes a'i Fab © 1992

ISBN 0 85284 111 6

Dymuna'r cyhoeddwr gydnabod cymorth
Adrannau'r Cyngor Llyfrau Cymraeg.

Cedwir pob hawl. Ni chaniateir atgynhyrchu
unrhyw ran o'r llyfr hwn na'i storio mewn
cyfundrefn adferadwy, na'i drosglwyddo
mewn unrhyw ddull, na thrwy gyfrwng
electronig, peirianyddol, llungopïo, recordio,
nac mewn unrhyw ffordd arall, heb ganiatâd
ymlaen llaw gan y cyhoeddwr.

Cysodwyd ac argraffwyd gan Cambrian Printers,
18-22 Queen Street, Aberystwyth,
Dyfed SY23 1PX.

Cyhoeddwyd gan Hughes a'i Fab, Parc
Tŷ Glas, Llanisien, Caerdydd CF4 5DU

Piae memoriae amici dilectissimi
JOHN HERBERT LEWIS
† 1934
*"Quaesivit sibi requiem
in arcae sacrae solio"*

CYNNWYS

CYFLWYNIAD GAN DEREC LLWYD MORGAN	i
RHAGAIR	1
AM BYTH (1924)	186
AM ENNYD (1913)	118
ANATIOMAROS (1925)	67
ARGOED (1927, '30)	91
AR Y FFORDD (1923)	176
BARRUG (1917)	170
BREUDDWYD DAFYDD RHYS (1924)	178
BREUDDWYDION (1910)	159
BRIALLEN GYNNAR (1925)	187
BROSÉLIÀWND (1922)	63
BYWYD (1914, '20)	189
COF AC ANGOF (1925)	186
CRINDDAIL (1922)	174
CWM PENMACHNO (1923)	185
CWYMP CAERSALEM (1923)	129
CYFAILL (1924)	185
CHWALU (1924)	180
DAEAR A NEF (1905)	168
DIRGELWCH (1920)	192
DRAOIDHEACHT (1923)	162
DYN A DERWEN (1902)	166
ENNYD (1924)	185
ERYRI WEN (1924)	177
EX TENEBRIS (1919)	109
GLAW YM MAI (1923)	183
GLÖYN BYW (1924)	187
GWANWYN (1916)	136
GWENNOL (1924)	188
GWENOLIAID (1922)	175

GWIR A GAU (1913, '23)	191
GWLAD HUD (1919, '20, '25)	140
GWLAD Y BRYNIAU (1909)	23
GYNT AC ETO (1925)	182
HAF (1923)	187
HYDREF (1914)	138
HYDREF (1906)	157
I UN OHONYNT (1906)	123
MADOG (1917, '18)	74
O WAITH BLAKE (1921, '23)	184
PELYDRYN (1924)	181
PENMON (1906)	154
RHOSYN HWYR (1923)	187
RHOSYNNAU (1923)	183
RHOS Y PERERINION (1920)	171
RHY LÂN (1920)	186
SANCTUM (1915)	132
TIR NA N'OG (1910, '16, '25)	49
UNWAITH DAW ETO WANWYN	161
WRTH EU FFRWYTHAU (1905)	127
Y BEDD (1913)	165
Y CYFARWYDD (1917)	169
Y GENNAD (1904)	167
Y GYNNEDDF GOLL (1913, '14, '24)	99
YMACHLUD HAUL (1917)	135
YMADAWIAD ARTHUR (1902, '10, '25)	3
YNO (1923)	184
YNYS ENLLI (1920)	172
Y TRYDYDD (1915)	112
YR ENGLYN (1917)	183
YSTRAD FFLUR (1920)	173
NODIADAU T. GWYNN JONES	193

T. GWYNN JONES: CYFLWYNIAD

Y mae'r *Cofiant* i T. Gwynn Jones a gyhoeddodd Dr David Jenkins yn 1973 yn llawn gwybodaeth werthfawr, ond prin fod ynddo'r un paragraff rhyfeddach a mwy datguddiadol na'r dyfyniad o lythyr a welir ar dudalen 300, llythyr gan Gwynn Jones ei hunan, dyddiedig 4 Tachwedd 1926. Yr oedd yr ysgolhaig Celtaidd, Alf Sommerfelt, wedi dweud wrtho beth amser ynghynt 'ei fod am gyflwyno'i enw am Wobr Nobel mewn llenyddiaeth'. Dangosodd yntau lythyr Sommerfelt i Iorwerth Peate ac awgrymodd Peate 'ofyn i Saunders Lewis ysgrifennu cyflwyniad'. Aethpwyd ati hefyd i gasglu rhestr o gyhoeddiadau Gwynn Jones. Hyn oll gyda'i gydsyniad. Yna ysgrifennodd y llythyr y cyfeiriais ato, llythyr at Saunders Lewis a oedd, heb os, yn 'epistol poen'. Peidiwch â mynd rhagoch â'r cais am Wobr Nobel – dyna'i neges. Ond y paham sy'n ddiddorol – am fod popeth 'a wneuthum', meddai Gwynn Jones, yn edrych 'mor bitw a di-bwrpas yn fy ngolwg fy hun … [ac] yn ddibwys'. Enbyd o reswm. Ffrwyth hen brudd-der yn ei natur ei hun oedd y rheswm hwn, prudd-der a gofnodir o bryd i bryd yn y *Cofiant*. Weithiau byddai Gwynn Jones yn afieithus lawen, dro arall byddai mewn pwll o felancoli dyfnach na'r môr y boddodd Madog ynddo. Ond yr wyf yn tybied fod geiriau'r llythyr uchod yn ffrwyth rhywbeth mwy a hŷn o lawer iawn na phersonoliaeth y bardd ei hunan – yr oedd yn ffrwyth yr ymwybod erchyll hwnnw â bychander terfynol ein bywyd ac oferedd oesol y daith sydd wedi llethu rhai dynion erioed. Ymhlith yr artistiaid prin a roes fynegiant hardd i'r ymwybod hwn y mae lle Thomas Gwynn Jones.

Am funud, dewch yn ôl i ystyried camp y dyn yn 1926. Nid ar chwarae bach y penderfynodd ei edmygwyr yr hoffent gyflwyno'i enw i'r Pwyllgor Nobel. Ef oedd Athro Llenyddiaeth Gymraeg Coleg Aberystwyth er na chawsai hanner awr o hyfforddiant colegol: daethai i'w Gadair o swyddfeydd papurau newydd *via* swydd catalogydd yn y Llyfrgell Genedlaethol newydd. Lluniasai weithiau beirniadol ac ysgolheigaidd arloesol a phwysig, *Bardism and Romance, Rhieingerddi'r Gogynfeirdd* a *Llenyddiaeth y Cymry*; yn 1926 cyhoeddodd ei olygiad o waith Tudur Aled yn ddwy gyfrol faith a manwl. Lluniasai gofiannau gwerthfawr, cofiant teilwng i Thomas Gee a chofiant cofiadwy i Emrys ap Iwan. Dramâu hefyd, a nofelau, gan gynnwys *John Homer* a *Lona*, ill dwy yn 1923. Heb sôn am y miloedd o golofnau newyddiadurol a ysgrifennodd wrth ei waith, wrth raid ac wrth ei fodd, a'r cannoedd lawer o fân ganeuon a cherddi y bu'n eu cyhoeddi er yn fore, o dan ei enw'i hun ac o leiaf ugain o ffugenwau. Er 1902 buasai'n cyfansoddi campweithiau barddonol – cerddi a oedd, o ran eu modd, eu meddwl, a'u harddull, yn amlwg yn athrylithgar ac yn arwyddocaol o'r eiliad y sychasai'u print ar y tudalen: 'Ymadawiad Arthur' (a gymonwyd gan Gwynn Jones am yr eildro yn 1925), 'Tir na n-Og' 1910 (bu'n tacluso honno hefyd yn 1925), 'Madog' 1917, 'Broséliàwnd' 1922 ac 'Anatiomaros' 1925. Dichon i'r bardd adolygu rhai o'r cerddi hyn am fod Gwasg Gregynog wedi penderfynu cyhoeddi detholiad ohonynt mewn argraffiad cain. Yn 1926 y cyhoeddwyd hwnnw hefyd. Ddiwedd y flwyddyn honno byddai dyn llai a dyn mwy llawen (a gawn ni ddweud dyn normal?) yn torheulo yn nisgleirdeb ei lwyddiant. Ond ebe Gwynn Jones wrth Saunders Lewis: 'Ofni'r wyf na bydd gennyf i mwy mo'r egni i sgrifennu dim rhagor yn Gymraeg', am fod hynny o waith, fel y gwelsom ddweud, yn ddibwys, ie, 'ac yn ofer hefyd wrth gwrs'.

Wel, fe ddaliodd ati. Yn 1927 cwblhaodd 'Argoed'. Yn 1930 cwblhaodd ei *Welsh Folklore and Folk-custom*. Rhwng 1932 a 1937 cyhoeddodd Hughes a'i Fab argraffiad unffurf o chwe chasgliad amryfath o'i weithiau, gan gynnwys *Caniadau*. Yn 1934-35, lluniodd gyfres o gerddi mewn *vers libre* wedi'i chynganeddu, a'u cyhoeddi yn gyntaf yn rhifynnau *Yr Efrydydd* o dan y ffugenw Rhufawn, ac yna ynghyd, o dan ei enw'i hun, yn *Y Dwymyn*. Erbyn diwedd ei oes – bu farw yn 1949 – yr oedd wrth ei fodd yn llunio pethau a ddaeth yn glasuron i blant. Yr un un yw awdur

"Dywed, O, dad," medd Madog, "O, dad, a oes
           Duw yn y nefoedd?
Onid aeth byd i'r annuw, O, dad, oni
           threngodd Duw?"

â *Llyfr Nia Fach*.

Eithr nid yw rhestr – a rhestr ddethol ddethol ydyw – nid yw rhestr o'i weithiau a rhyw un cyfeiriad ar ddwywaith at hen felancoli, er cyfoethoced ac er dyfned y ddeubeth, nid yw hyn yn ddigon o bell bell fordd i ddisgrifio mawredd T. Gwynn Jones, heb sôn am ei fesur. Nid ef oedd yr unig athro prifysgol ym mlynyddoedd bore'r ugeinfed ganrif na chawsai addysg ffurfiol a gradd; nid ef oedd yr unig fardd Cymraeg byw a anrhydeddwyd gan Wasg Gregynog, na'r unig un i lunio darn dwfn o awdl un diwrnod a phennill o hwiangerdd drannoeth. A beth, tybed, yw rhif y rheini y bu ond y dim i rywrai eu henwi am Wobr Nobel? Eto, mae'r disgrifiadau uchod yn tystio i'w anghyffredinedd. Y mae'n amlwg yn ddyn y deuai ysgrifennu'n rhwydd iddo, ac y mae'n amlwg yn ddyn nad ofnai waith caled. Cofier taw un o feibion cymharol ddifraint Oes Victoria ydoedd, a yrrid yn ei flaen gan ddynameg fewnol na ddarfu i neb eto'i hiawn ddisgrifio, ac a yrrid yn ei flaen yn ogystal gan ethos yr oes, yr awydd i ennill ac ymgynyddu trwy ymdrech. Pan oedd ysgolheictod Cymraeg proffesiynol eto'n ei fabandod, darllenodd Gwynn Jones domennydd o'i hen lenyddiaeth yn ddiaparatws a dod i'w hadnabod yn dda, athrylith a chrefft y beirdd a hud a hyfrydwch ei chwedleuwyr canoloesol. Pan oedd John Morris-Jones yn ceisio glanhau Cymraeg ysgrifenedig y dydd ac yn cyfeirio'i ddisgyblion at oreugwaith eu gorffennol, yr oedd T. Gwynn Jones eisoes yn edrych ar y goreugwaith hwnnw – ac yn adeiladu arno ac ato.

Fel y mae'n digwydd, drwy iddo ymateb i destun Eisteddfodol y lluniodd ei gampwaith barddonol cyntaf; o'r ochr arall, gellid maentumio na chaed awdl gofiadwy ar 'Ymadawiad Arthur' pe na buasai Gwynn Jones eisoes wedi'i drwytho'i hun yng nghywyddau Beirdd yr Uchelwyr ac awdlau'u rhagflaenwyr a'r chwedlau, a phe na buasai eisoes wedi myfyrio ar y modd yr oedd hi'n bosibl i fardd modern gyflwyno dehongliad o fywyd drwy 'ddefnyddio' hen straeon a ffughanesion. Y mae hi'n ffordd flinderus iawn, ond y ffordd orau i weld a gwerthfawrogi gogoniant crefft a dychymyg Gwynn Jones yw dod ato ar ôl darllen barddoniaeth ei ragflaenwyr a'i gyfoeswyr hŷn. Ymgodymu â phryddestau bwldagus ac awdlau a chywyddau'r bedwaredd ganrif ar bymtheg o Dafydd Ionawr hyd at Hwfa Môn, ymddyrysu yn eu gwagathronyddu a'u twyllddiwinydda, tagu ar y chwyddiaith a alwent hwy yn Gymraeg – ac yn syth bin wedyn agor cloriau 'Ymadawiad Arthur':

> Ar wyneb pob gŵr yno,
> Rhyw ddwys wawr a roddes o,
> A thawel, oer, fythol hedd,
> Wedi olion dialedd –
> Ni ryngir bodd yr angau,
> Dyry gwsg i'r da, a'r gau.

Bardd 'modern' meddaf i amdano gynnau. Ac yr wyf ar yr un pryd yn honni ei fod yn draddodiadwr. Oedd, yr oedd. Yr oedd, os goddefwch yr wrtheb, yn draddodiadwr arloesol. Yr oedd yn fodernydd yn yr ystyr ei fod yn ymateb i argyfyngau a phoenau'i ddydd fel un yn gweld gofid ac anhrefn a gwae – yr oedd cyflwr pethau, ys dywedir, yn loes iddo er yn gynnar; ond lle yr oedd y Modernwyr (gydag M fras) diweddarach yn mynegi'r anhrefn a welent mewn anhrefn (Dali, Picasso, &c.), yr oedd yn well gan T. Gwynn Jones ei mynegi yn nhrefn y gynghanedd, yr oedd yn well ganddo chwedleua'n storïol-ddramatig, yn gymen gyffrous. Drwg y math hwn o feirniadaeth yw fy mod i'n camarwain fy narllenwyr i dybied am y bardd fod dwy ran i'w athrylith farddoni: ei fod, yn gyntaf, yn gweld, ac yna'n mynegi. Nid felly; wel, nid felly o raid. Gwadai ef fod ganddo weledigaeth o gwbl, er nad dyna'i air. Yn y 'Rhagair' i *Caniadau* (1934) dywed nad ydynt 'onid cais i fynegi profiadau, digon croes i'w gilydd yn aml' a chan hynny 'ofer ceisio ynddynt na dysgeidiaeth nac athrawiaeth'. Yn y 'Rhagair' i *Detholiad Gregynog* wyth mlynedd ynghynt traethodd yn hir ar egwyddorion mydryddiaeth. Tair brawddeg sydd ganddo am gynnwys y cerddi, tair brawddeg sydd eto megis yn ymgais i fwrw ymaith unrhyw ymdrech feirniadol i ddiffinio'i agwedd at fywyd neu'i olygwedd, ond y mae'r dweud yn rhagorol, a'r drydedd frawddeg yn gwbl allweddol:

> Am gynnwys y cerddi, ni weddai arnaf i ddywedyd dim, amgen nag awgrymu nad ymgais monynt i fod nag yn "rhamantus" na "chlasurol." Hyd y gwn, y mae a wnêl pob un ohonynt rywbeth â bywyd fel y profais i ef, er defnyddio rhai o chwedlau'n tadau ac eraill i geisio'i osod allan. Y mae, i'm bryd i, ym mrithluniau dychymyg y canrifoedd, rywbeth na all un dyn, dyfeisied ei ramant ei hun, traethed bethau fel y bônt, ddim dyfod yn agos ato, heb sôn am ei drechu.

Y brithluniau hyn, wrth gwrs, yw storïau Osian a Madog a Myrddin, Anatiomaros a phlant Arofan – *dethol* frithluniau 'dychymyg y canrifoedd'. Dewisodd T. Gwynn Jones hwy nid am mai dyma storïau gorau'r traddodiad – nid ail-ddweud y clasuron oedd ei fwriad – ond am mai drwyddynt hwy y gallai fynegi'i boendodau. Eu thema fawr yw'r Ymchwil am Baradwys, am ddihangfa oddi wrth dwrf y byd dwl o ryfel a rhaib a barbareiddiwch. Y mae harddwch iddo yn un â heddwch. Yn 'Ymadawiad Arthur' Afallon yw'r baradwys honno. Ym 'Madog', ynys ddienw 'ynghanol môr y gorllewin maith' ydyw (yn Rhan III y gerdd aruthr honno ceir catalog o baradwysau), a mynn y morwr ei cheisio, ei cheisio i gael llonydd oddi wrth y tryblith cymdeithasol ac eneidiol sy'n arteithio'i enaid. Myrddin yr un modd: ond taith fewnol yw ei daith ef, taith i 'ddyfnder angof' rhyw fforest hud. Pan â iddi, diflanna'r dewin, megis y diflanna Arthur i Afallon, ac y mae'r diflaniadau'n ddirgelaidd. Y mae Madog yn boddi. Ceir marwolaethau yn 'Anatiomaros' ac yn 'Argoed' yn ogystal. Y mae yn 'Argoed' ddwy farwolaeth, marwolaeth prif fardd y llwyth, y gŵr cyntaf yno i sylweddoli pa mor erchyll yw bygythiad yr ymosodwyr Rhufeinig i ffordd llwyth Argoed o fyw, ac yna marwolaeth y llwyth ei hun a benderfynodd drengu

> Heb wawdio hanes, heb wadu heniaith
> Na her arferion eu cynnar fore!

Dywedodd Anthony Conran yn ei ragymadrodd i *The Penguin Book of Welsh Verse* fod rhai beirdd ar dro'r ganrif wedi creu barddoniaeth Ewropeaidd a oedd er hynny'n drwyadl Gymreig. Prin y gwadai neb nad T. Gwynn Jones oedd y mwyaf o'r beirdd hynny, yr ehangaf ei welediad, y sicraf a'r cyfoethocaf ei grefft, y mwyaf dewiniol ei draethiad. A'r mwyaf dirgelaidd hefyd, mewn ffordd. Canys er ei fod fel eraill nid oedd fel eraill chwaith. Fel John Morris-Jones yr hwn a bleidiai delynegrwydd ac a bleidiai brydferthwch, ymhoffai Gwynn Jones yntau yn y melys a'r hardd – ond ychydig o'i gymeriadau a'u câi, o leiaf yn eu pwyll a'u synnwyr. Ar y lefel Ewropeaidd yr oedd, fel yr awgrymais gynnau, yn fodern heb fod yn Fodernydd. Mae ei gerddi mawr rhwng 1902 a 1930 yn glasurol ac yn rhamantaidd. Ac eto mae rhai o'r darnau a ymddangosodd wedyn yn *Y Dwymyn* yn codi'r un ias ar ddyn ag a wna darluniau gwatwarus y Cubiaid.

Bardd i'w hir flasu ac i hir fyfyrio arno felly. Bardd y mae'n rhaid i ni ei osod gyda'r artistiaid mawr o bob math a welodd drwy optimistiaeth gyhoeddus, arwynebol ac ansensitif, y cyfnod y maged ef ynddo, ac a ddangosodd i'r cyfnod y cyrhaeddodd ei fan ynddo ei annynoliaeth a'i bydredd a'i boen – ac a ddangosodd y pethau hyn mewn ffordd mor rhithiol o ddeniadol. Nid oes yn *Caniadau* ddim un o'r cerddi sosialaidd nac un o'r cerddi cymdeithasol cynnar a gyhoeddodd Gwynn Jones yn ei gyfrolau cyntaf (nid yw hynny'n golled i neb ond i'r ymchwiliwr o ddarllenwr barddoniaeth). Y mae yma, cofier, ambell gerdd ddigon afrwydd, ambell gerdd hefyd y mae ei chanoloesoldeb yn farw, a hynny am fod sentiment weithiau yn cael y llaw uchaf hyd yn oed ar y cawr awenydd. Eithr y mae swmp y canu yn syfrdanol ddisglair.

Derec Llwyd Morgan

RHAGAIR

Cyhoeddwyd y rhan fwyaf o'r cerddi sydd yma o dro i dro yn *Y Beirniad* a'r *Welsh Outlook* gynt, yn y *Western Mail*, *Y Traethodydd* a'r *Llenor*; gan Gymdeithas yr Eisteddfod Genedlaethol, a chan Wasg Gregynog hithau mewn argraffiad cyfyngedig (1926). Aethant bellach yn anodd neu amhosibl i'w cael yn y ffurfiau hynny. Dyna'r rheswm dros eu cynnwys yn y gyfres hon, a chydnabyddir yma gwrteisi pawb ynglŷn â hynny.

Nid oes onid un esgus dros fod erioed wedi eu llunio, sef yr anffawd, gyffredin yng Nghymru hyd faboed yr awdur, o leiaf, mai prydyddiaeth o ryw fath oedd yr unig gyfrwng ag iddo un siawns i gael gafael cynnar ar fryd rhai ag ynddynt ryw fesur o duedd naturiol at gelfyddyd.

Symlhawyd ymadrodd neu ffurf yn rhai ohonynt o dro i dro, am na thybiwyd fod eu printio gynt yn sancteiddio eu mynych wendidau. Gan nad ŷnt onid cais i fynegi profiadau, digon croes i'w gilydd yn aml, heb un cais i'w cysoni wrth ofynion un broffes, fe wêl y cyfarwydd mai ofer ceisio ynddynt na dysgeidiaeth nac athroniaeth.

T.G.J.

Chwefror 8, 1934.

YMADAWIAD ARTHUR

Goruwch cymloedd groch Camlan,
Lle'r oedd deufur dur yn dân,
Daeth cri o'r adwythig rawd,
Llaes ymadrodd—"Llas Medrawd!"

Moedrodd y gri dorf Medrawd
Oni throes yn eitha'i rhawd
Rhag newydd nwy deufwy dur
A rhyferthwy torf Arthur.

Ac ymlid o faes Camlan
Yn daer fu, nes mynd o'r fan
I'r helynt ar eu holau
Mewn nwyd erch, bawb namyn dau.

Yno, fel duw celanedd,
A'i bwys ar garn glwys ei gledd,
Y naill oedd, a'r llall gerllaw
A golwg syn yn gwyliaw.

"Arglwydd," eb hwnnw, "erglyw,
 Ymaros, diachos yw;
 Ateb, beth a fu iti,
 Onid tost dy annod ti!"

"Briw, Fedwyr," ebr ef, "ydwyf,
Angau a lysg yn fy nghlwyf."

"Nid oedd," ebr yntau, "na dur
Na nerth a wanhâi Arthur!"

"Olaf oll o'm clwyfau yw,
Brath Rhaid," eb Arthur, "ydyw!
A minnau, o chymynais
Gan glew am bob gwân neu glais,
Diwedd oedd y dydd heddiw,
A gair Rhaid, anesgor yw!
Dwg fi hwnt!"
 "Di gei, fy iôr,
Drigo," eb Bedwyr, "ragor
Yn dy wlad, am nas deil hi,
O thrydd Arthur oddi wrthi!"

Troes gemliw wawl tros Gamlan,
Eurai fo drueni'r fan
Onid teg, yr ennyd hon,
Drem oer y cedwyr meirwon;
Ar wyneb pob gŵr yno,
Rhyw ddwys wawr a roddes o,
A thawel, oer, fythol hedd,
Wedi olion dialedd—
Ni ryngir bodd yr angau,
Dyry gwsg i'r da a'r gau.

Drwy y gwaed, dros dyrrau gwŷr
Heb adwy, y dug Bedwyr,
O'i nerth, y Brenin Arthur,
A lescâi o loes y cur.

Yngo'r oedd lannerch rhwng iraidd lwyni,
 A llen dêr wastad o feillion drosti,
  Mor wyn â'r ôd wrth odi o'r wybren,
Neu lwybrau Olwen, neu li briw heli.

Er nad pell breithell chwerwaf y Brython,
Yr oedd llawen gerdd i'w llwyni gwyrddion,
  Megis pe dôi o rym eigion cyni,
Neu drueni, gân adar Rhiannon.

Ac at yr ofer o dan y deri
Y dug Bedwyr y Gwledig heb oedi;
 "Y dwfr," eb ef, "a'th ddwg di o'th ddolur,
A rhoddi Arthur i orwedd wrthi.

 "Rhyw wyrth nid oes," ebr Arthur,
 "Ynddi i'm codi o'm cur;
  O'r drum, o bwri dremyn,
  Di weli draw is law, lyn
  Gwrm, hir, a chreigiau'r marian
  Yn crychu'i lif. Cyrch y lan,
  A chlud Galedfwlch lydan
  Gennyd—y mau gleddau glân!—
  Hyd i lechwedd dal ucho,

Ag o'r graig a rwyg y ro,
Heb dy atal bid iti
Fwrw y llafn i ferw y lli;
Mynn, o ben y man y bych,
Iawn wylio'r hyn a welych,
Hyd y bydd, ac wedi bo
Dyred yn ôl heb dario."

Dwfn fyfyr ar Fedwyr fu
A gloes, o weled glasu
Gan ofid wedd gynefin
A herio trais hacra trin.
Ond codi'r cledd rhyfeddol
A wnaeth; yna aeth, yn ôl
Gair Arthur, o'i gur, wrtho
I war y drum ar fyr dro.

O'r drum rhoes Bedwyr dremyn,
A chafas faith frychlas fryn
Tonnog, a marian tano,
A rhwyd fraith ar hyd y fro
O flodau fil, a hudodd
Haelioni'r haf i'w lu'n rhodd;
Gwe brydferth am y perthi,
Fel ewyn llathr ar flaen lli;
Dibrin flodau'r eithin aur,
Mal haen o gylch melynaur;
A'r grug fel esmwyth hugan

O ffwr gwyrdd a phorffor gwan;
Gwrid yr haul, a grwydrai hyd
Y bau, bron bob rhyw ennyd
Yn newid lliw a dull hon,
A'i hen weddau'n newyddion.

Draw mal môr hyd hir ymyl y marian
Yn llinell lwyd, yr oedd min llyn llydan,
 A'i lafar lif ar y lan yn codi
O hyd, a thorri fel brodwaith arian.

Eto, er gwymped natur o'i gwmpas,
Hynny ni lwyddodd i'w ddal na'i luddias,
 Nes i grawc anghynnes, gras, ei atal—
Mwyfwy'r gofal a'r myfyr a gafas.

Brân ddu groch ar bren oedd grin,
Goelfawr a hir ei gylfin,
A fwriai'n oer o ferw nwyd
Fregliach o'r dderwen friglwyd.

Safodd Bedwyr, myfyr mud
A roes omedd ar symud—
Dir, gnawd i grawcian brân, brud!

Yna ebr ef: "Na bo rin
Yn y grawc o'r goeden grin,
Er y dywaid gair dewin—

'A glywaist ti a gant y frân—
Ai drwg ai da'r darogan,
Na fid cryf heb gleddyf glân.'

Llwybr i dranc y lle bo'r drin,
Diau, ni ddawr angau rin
Na breiniau glew na brenin.

Diau gwell i wlad yw gwas
Byw na'r gŵr o lyw a las—
Nid gwrdd trengedig urddas!"

Cododd y cleddyf cadarn
Rhagddo, ac fel a fynno farn,
Synio'n hir a syn a wnaeth
Ar ei gywrain ragoriaeth.

"Ba ryw farn," ebr o, "a fâi
Ddigon i'r sawl a'th ddygai,
Galedfwlch rymus, glodfawr,
Heb falio a'th luchio i lawr,
Megis ped fâi ddirmygwr,
Onid ait o dan y dŵr?
Ar ein hil oll, ba farn lem
A gwall a ddôi pe'th gollem?

"Diau, ag awch brwd ei gur
Y dinerthwyd dawn Arthur,

Onid e ni adai hyn
O rysedd, oedd ddi-resyn!
Diogel mi a'i celaf
Ef, a gweld a fo a gaf."

O chwalu'r cawn a chwilio
Y grug a drain y graig, dro,
Yno'n isel ymgelu
Fe gafodd ef ogof ddu.

Dychwelodd, edrychodd dro—
Anadl ni chlywai yno,
Ond dŵr a'i dwrdd yn taro
Ar y graig, a'i su drwy'r gro.

Draw e droes; drwy y drysi
Aeth â'r arf; llathrai hi
Ogylch; yng ngwyll yr agen
Ni phylai mwy na fflam wen.

Ac i'r ddu hollt gyrrodd hi,
A swrn o ddeilos arni;
Gofalu ar gelu'r gwaith,
Gwrando, tremio, troi ymaith.

A phan ddaeth at y ffynnon
A'i gro brith, nesáu gerbron
Y Brenin a phenlino
A rhoi'r gair a orug o.

Ebr, yna, yntau'r Brenin,
A geiriau bloesg o'i gur blin:
"Ateb, a ddarfu iti
Fwrw y llafn i ferw y lli?"

"O'r daith," eb Bedwyr, "deuthum,
Tremio o ben y trum y bûm."

Eb Arthur: "Wedi aberthu
Y glaif hen, ba goel a fu?"

"Hyd y gwn, bid wiw gennyd,
Iôr," eb ef, "dim un o'r byd."

"Rhith ar air," eb Arthur, "yw
Hyn, Bedwyr—geudeb ydyw!
A dorri'n awr, di, er neb,
Lendid yr hen ffyddlondeb?
Bedwyr, dychwel heb oedi,
A'r llafn, bwrw dithau i'r lli!"

Heb dario i ateb, aeth Bedwyr eto,
Rhedeg i'r undaith er chwerwed gwrando
    Ei deyrn yn dodi arno feddwl brad
A chas ddymuniad na cheisiodd mono.

"Diau'r gofid," eb Bedwyr, "a gafodd
Ef drwy iasau ei glwyfau a'i drysodd,

A'i bwyll yn hyn a ballodd,—nid archiad
O farn na bwriad fu'r hyn a barodd!

"A minnau erddo, ac er mwyn urddas,
Ai rhaid yw arnaf ddinistrio'r deyrnas,
　　Mennu, drwy ofer gymwynas, ddaioni
A gwych haelioni drwy goch alanas?

"Ar fod ynghadw yr hen arf dynghedus
Y saif rhyddid ein teyrnas fawreddus;
　　Cwympem, pe'i collid, rhag llidus alon,
A'n dwyn o estron dan gadwyn astrus."

　　Drwy ofid, lled arafai,
　　Yna trwy awch, cynt yr âi—
　　Meddwl trwm a ddeil y troed,
　　Ufuddhau a fydd ddioed.

　　Yna rhag genau'r ogo,
　　Safodd ac edrychodd dro;
　　Eto, nid oedd yno ddyn
　　Yn ymyl na sŵn, namyn
　　Twrw'r dŵr, man lle torrai'r don,
　　Mwynder hiraethus meindon
　　Awel ymysg y dail mân,
　　Fel su hun felys anian.

　　"Diau, rhaid," eb Bedwyr, "hyn,
　　　Mi wnaf y mae'n ei ofyn."

Gwyrodd i'r ogof—gerwin
Greg wedn grawc o'r goeden grin
Eto a ddaeth i'w atal—
A fyddo ddof, hawdd ei ddal.

Eb Bedwyr: "Rhaid bod y rhin
A ddywaid Myrddin ddewin
Yn y grawc o'r goeden grin.

"Gwae i'n tud o frud y frân,
A drwg oedd ei darogan—
'Na fid cryf heb gleddyf glân.'

"Rhag y gas dras, pwy a drig
Weithian? Cwympodd dan ei dig
Uthr lewder Arthur Wledig!

"Di, falch lafn, Caledfwlch lym,
Draw na throed dy rin na'th rym,
O thrydd Arthur oddi wrthym!"

I'r neb fo brin ei obaith,
Hir a dwys fydd pob rhyw daith
Ofnai, ond ni fynnai fo
Fod byth heb fud obeithio,
A gwibiai'r olaf gobaith
I'w fin ef a thyfai'n iaith—
"Bid waith cad, bid waetha cur,

Mae y wyrth nad mwy Arthur?"
Weithion gerbron y Brenin
A gŵyl wedd y plygai lin,
O barch i gael ei arch o;
Eb Arthur, ar saib, wrtho:

"Hir y buost, a'r bywyd
Mau sydd yn byrhau o hyd;
Mynag imi yn gymwys
Ba argoel sydd, na fydd fwys."

Troes Bedwyr gan ynganu:
"Un arwydd, f'arglwydd, ni fu,
Ond dŵr a'i dwrdd yn taro
Ar y graig a'i su drwy'r gro."

"Atal!" eb Arthur, "eto,—
A gelo dwyll, gwylied o!
Di, rhed—a'th dynghedu'r wyf,
Na fethych cyn na fythwyf—
Y breiniol gledd, bwrw hwnnw
I ferw y llyn—cofia'r llw!"

Crymodd Bedwyr ac heb ateb, eto,
Fel un o raid yn ei flaen a redo,
Croesodd y marian, a blin oedd ganddo
Wneuthur i'w deyrn y gwaith a roed arno;
   Eithr rhag cêl drothwy'r ogo y plygodd,
A'r glaif a dynnodd o'r gelfa dano.

Ei ddyrnfol aur addurnfawr,
Cywrain oedd ac arni wawr
O liwiau gemau lawer,
Gwawr y tân ag eira têr;
Lliw gwaed rhudd, lliw gwydr a haul,
Neu sêr yr hafnos araul;
Ei hir lafn dur, lyfned oedd
A difreg lif y dyfroedd,
A gloyw fel fforchog lewych
Rheiddiau'r haul ar ddisglair ddrych.

Cododd Bedwyr ac wedyn,
Dringodd a safodd yn syn
Ar ymyl creigiog rimyn
Yn y llethr uwchben y llyn.

Ebr efô: "Ba arwaf awr!
Yn iach, Galedfwlch glodfawr,
O, ferthaf cleddyf Arthur,
A fu deyrn y gleifiau dur,
Rhag dwyn barn am hyn arnom,
Trefned Rhaid, terfyned rhôm—
O daw gwall am dy golli,
Adfered ef o'r dwfr di!"

'Roedd ei gawraidd gyhyrau
 A'u hegni hwynt yn gwanhau,
 A'r meddwl hir, meddalhâi

Ewyllys gynt na allai
Na thrinoedd na thrueni
Na gwae tost ei hysgwyd hi;
Ond ar unnaid er hynny,
Chwifiodd ei fraich ufudd fry,
A'r arf drosto drithro a drodd
Heb aros, ac fe'i bwriodd
Onid oedd fel darn o dân
Yn y nwyfre yn hofran;
Fel modrwy, trwy'r gwagle trodd
Ennyd, a syth ddisgynnodd,
Fel mellten glaer ysblennydd,
A welwo deg wawl y dydd.

Ond, a'r llafn ar fynd i'r lli,
Brychodd y dwfr, a brochi;
Ar hyn o'r llyn cododd llaw
Gadarn, gan fedrus gydiaw
Yn ei ddwrn, ac yno'i ddal
Yn groes o dân a grisial;
Yna, a'r haul ar ei hyd,
A deheurwydd drud wryd,
Codi'r cleddyf a'i chwifio,
Gwaniad a thrychiad dri thro;
Ac yn droch gnwd o wreichion
Y tynnwyd ef tan y don,
A'i waniad yn tywynnu
Yn neidr dân i'r dyfnder du.

Draw ar hynny aeth Bedwyr ar unwaith,
A buan y croesodd y marian maith;
　Meddyliau chwim oedd eilwaith drwyddo
Efô yn gwibio, rhwng ofn a gobaith.

"A fu im, diau," eb ef, "mai dewin
Gwybodus a'i parodd o rymus rin,"
　Ac aeth rhwng grug ac eithin i'r ofron
Lle'r oedd y meillion, gerbron y Brenin.

"Ba ryw antur fu, Bedwyr?" ebr yntau,
Yn wannach ei lais gan nych ei loesau,
"Dyred, byr fyddo d'eiriau, a dywed
Im rhag fy myned gan fyrred f'oriau."

Eb Bedwyr! "Arglwydd, clyw a ddigwyddodd:
Y llain a dewlais; llaw wen a'i daliodd;
　Trithro yn hy fe'i chwifiodd, heb ballu,
Ac yna'i dynnu i'r eigion danodd."

　　　Aeth gwên dros wedd y Brenin,
　　　Araf ei air ar ei fin—
　　"Enaid, a'm dycych yno!"
　　　A bu'n fud gan boen efô.

Ysgôdd Bedwyr ei ysgwydd heb oedi,
Yn swrth o'r hirnych, rhoes Arthur arni,
"Saf," eb ef, "a dygaf di yn fuan
Ar draws y marian i'r fan a fynni."

Cerddodd Bedwyr heb orffwys, a'r pwysau
Yn tanio'i wyneb, tynhau'i ewynnau,
　At ben ei hynt heb wanhau na gwydnwch
Na chaledwch ei ddi-nych aelodau.

Fel drych o risial glân, odditano,
Y gwelai long ar y gloyw li yngo,
　A'i hwyl fel rhwyd wedi'i heilio o wawn,
A heulwen nawn wedi'i dal yn honno.

　　Rhodio ar ei hyd yr oedd
　　Firain ferched, niferoedd;
　　Mor wych ei drych edrychai
　　Pob un â phob rhyw fun fâi
　　Laned ei gwedd pan lenwynt
　　Byrth y gaer yn Arberth gynt,
　　A'r Brenin, er bwrw yno,
　　Ias y drin, yn aros dro,
　　Neu yng ngerddi Caer Llion
　　Ag yntau'n hardd gynt yn hon.

　　Yng nghraidd y llong, ar ddull ail
　　I orsedd 'roedd glwth eursail,
　　Ac ar ei gerfwaith cywrain
　　Gwrlid mwyth ysgarlad main;
　　Mireiniaf tair morynion
　　Ar sedd wrth yr orsedd hon
　　Eisteddai; dlysed oeddynt

Nad oedd gwawr Blodeuwedd gynt
O geinder ail; rhag gwyndawd
Perlog ne eu purloyw gnawd,
Pylai gwawr y pali gwyn
A ymdonnai amdanyn,
A lliw teg eu hirwallt aur
Drwyddo fel cawod ruddaur;
Gyddfau a thalcennau can,
Mal eira ar ymyl Aran;
Deufan rudd pob deurudd deg,
Gorne gwin drwy groen gwaneg.

Bu druan y rhianedd
Weled gwan dreuliedig wedd
Y cadarn Wledig; codi
A wnaent; ar hyn at eu rhi
Daliodd y tair eu dwylaw—
Mutaf bo dybrytaf braw;
Ac ebr un o naddun hwy
A gwefus floesg o ofwy—
"Awn ag ef o'i gyni i gyd
I Sanctaidd Ynys Ienctid!"

Yna e gludodd Bedwyr y Gwledig,
Dirus y cariodd ef dros y cerrig;
  Gwyliai'r rhianedd bonheddig, hwythau,
A'u mynwesau'n dychlamu yn ysig.

Breichiau glanach na'r sindal a'r pali
I'r gadair euraid a gaid i'w godi;
  Gwynion ddwylaw fu'n gweini i'r Brenin,
A rhoddi gwin i lareiddio'i gyni.

"Dioer, o mynnwch," eb Bedwyr, "i minnau
Hoffed fu gynt,—ni pheidiaf ag yntau;
  Ynghyd y buom yng nghadau,—ynghyd,
Iawn ein diengyd yn ennyd angau!"

  Ebr un o'r glân rianedd:
"Arthur byth ni syrth i'r bedd,
A doethed ef, Dithau, dos,
Bydd ŵr a gwybydd aros!"

Bedwyr, yn drist a distaw,
Wylodd, ac edrychodd draw.

Yno, ag ef yn ei gur,
Y syrthiodd neges Arthur
Ar ei glyw: "Bydd ddewr a glân,
Baidd ddioddef, bydd ddiddan!
Mi weithion i hinon ha
Afallon af i wella,
Ond i'm bro dof eto'n ôl,
Hi ddygaf yn fuddugol
Wedi dêl ei hoed, a dydd
Ei bri ymysg y bröydd;

Hithau, er dan glwyfau'n glaf,
Am ei hanes, ym mhennaf
Tafodau byd, dyfyd beirdd,
Pêr hefyd y cân prifeirdd;
Pob newid, bid fel y bo,
Cyn hir e dreiddir drwyddo;
Â o gof ein moes i gyd,
A'n gwir, anghofir hefyd;
Ar ein gwlad daw brad a'i bri
Dan elyn dry'n drueni;
Difonedd fyd a fynnir,
A gwaeth—tost gaethiwed hir;
Ond o'r boen, yn ôl daw'r byd
I weiddi am ddedwyddyd,
A daw'n ôl yn ôl o hyd
I sanctaidd Oes Ieuenctid;
A daw Y Dydd o'r diwedd,
A chân fy nghloch, yn fy nghledd
Gafaelaf, dygaf eilwaith
Glod yn ôl i'n gwlad a'n iaith."

Hwyliodd y bad, a gadaw
Bedwyr mewn syn dremyn, draw.

Lledai'r hwyl gain fel adain ar ledwyr,
Yntau a glywodd o gant gloyw awyr
  Ddwsmel ar awel yr hwyr, melysdon
Yn bwrw ei swynion ar bob rhyw synnwyr.

20

Mor dyner y diferai
A rhyw law mân drwy haul Mai,
A'r hud ar Fedwyr ydoedd,
A boddhad pob awydd oedd;
Dyma'r glod ym miragl hwyr
A rywiog lanwai'r awyr:

"Draw dros y don mae bro dirion nad ery
 Cwyn yn ei thir, ac yno ni thery
Na haint na henaint fyth mo'r rhai hynny
A ddêl i'w phur, rydd awel, a phery
   Pob calon yn hon yn heini a llon,
Ynys Afallon ei hun sy felly.

"Yn y fro ddedwydd mae hen freuddwydion
 A fu'n esmwytho ofn oesau meithion;
Byw yno byth mae pob hen obeithion,
Yno, mae cynnydd uchel amcanion;
   Ni ddaw fyth i ddeifio hon golli ffydd,
Na thro cywilydd, na thorri calon.

"Yno, mae tân pob awen a gano,
 Grym, hyder, awch pob gŵr a ymdrecho;
Ynni a ddwg i'r neb fynn ddiwygio,
Sylfaen yw byth i'r sawl fynn obeithio;
   Ni heneiddiwn tra'n noddo—mae gwiw foes
Ag anadl einioes y genedl yno!"

Yn y pellter, fel peraidd
Anadliad, sibrydiad braidd,
Darfu'r llais; o drofâu'r llyn
Anial, lledodd niwl llwydwyn;
Yn araf cyniweiriodd,
Ac yno'r llong dano a dodd,
A'i chelu; fel drychiolaeth,
Yn y niwl diflannu a wnaeth.

Bedwyr, yn drist a distaw,
At y drin aeth eto draw.

GWLAD Y BRYNIAU

I

TRADDODIAD

"*Issot heb ef y mae kae nywl, ac y mae yn hwnnw gwaryeu lletrithawc, a'r geniver dyn a daeth yno, ny dodyw fyth dracheuyn.*"—GERAINT FAB ERBIN

A haen ledrith niwl hydref
Yn hug rhwng daear a nef,
Ag ambr wawl dros gwm a bryn
Trwyddo fal gwrid rhuddfelyn,
Hyd ymyl werdd drwy y coed y cerddais,
Mwynhau segurddydd, im nis gwaherddais,
 Deuwell im oedd wrando llais yr adar
Na garw drydar gwŷr y dre a edais.

Trwy glawdd ym mhellter y glyn,
Gwridog oedd brig y rhedyn
Meirwon, fel haenau marwor
A dirgel dân drwy gil dôr;
Ni bu dail y coed erioed mor wridog
Yn marw o oed ydoedd mor odidog,
 Na'r awel hithau mor rhywiog a rhydd,
Ar giliau mynydd gan arogl mawnog.

A'i lli chwyrn megis lluwch ôd,
Brysiai yr aber isod,
A'i mân godymau mynych
Yno a glywn fel arian glych;
Drwy hud y swyn y mud rodiais innau
Yno mewn labrinth o geimion lwybrau,
　Fel un a grwydrai hyd flaenau dirgel,
O'i wae oll i dawel wyll y duwiau.

　　Minnau braidd fel mewn breuddwyd
　　Ar fin y llif, ar faen llwyd
　　A masw glog y mwsogl aur
　　Hyd hwnnw'n gwrlid henaur,
Eisteddais yn hir, a theimlais hiraeth
Ofer am dawel fore meudwyaeth,—
　Hwylio hyd lwybráu helaeth fy nhadau,
Byw yn y golau heb wae nag alaeth.

　　A mi'n hanner mwyn hunaw
　　Y daeth rhyw drwst dieithr, draw,
　　Mor bêr ag ym mro y bydd
　　Su gwenyn is y gwinwydd;
Yn awr fel suad rhyw felys awel,
Neu, ar nawn tesog, rŵn rhyw nant isel;
　Megis sŵn llanw o'r anwel dynesai,
Tonnai a deuai, ond eto'n dawel.

I wrandaw y sŵn, chwyrn neidiais innau
Fel un a dorro o'i hen flinderau

Oherwydd dyfod oriau ei ryddid
Efô i ddilid llwybr ei feddyliau;
   Ac o dan y coed yno,
   Sefais, edrychais hir dro,—
   Tonnai a nesâi y sŵn,
   Ag un olwg ni welwn.

Eto, a'r nos o'm cylch yn teyrnasu,
Y dail eisoes oedd ucho'n dulasu
  Gan wawl lloer, ond oer a du oedd isod,
A thrwm gysgod y coed uthr i'm gwasgu;
   Ond yn y cudd dan y coed,
   Canfûm a wybu maboed,
   Gwybod nad marw yw gobaith,
   Na choel ieuenctid ychwaith!

Du ydoedd y nos hyd ros a drysi,
A duach y goedwig dawchog wedi,
  Fel nos mewn nos hunai hi, a rhyfedd
Hud i'w hadanedd trymllyd, hyd oni
   Fwriodd llif oeraidd y lloer
   Wen i'w hadwyau duoer,
   Oni welais, gan wyliaw,
   Ddawns o drefn oedd hoenus draw.

Mor hoyw a distaw ag eiry gaen gawad,
A hithau'r awel yn chwim ei throad,
  Fe dybygwn fod bagad yn treiglaw

Law yn llaw dan oleuni y lleuad;
  Ac un lân i'w canol oedd,
  O sud, brenhines ydoedd;
  E gaid tân o'i llygaid hi,
  Nid nos oedd dunos iddi.

Ei thors a döid â'i thresi duon,
A'i hwyneb tanynt fel tanbaid hinon,
  Laned ef a blaen y don ar ddyfnder
A gynddeirioger gan dduw yr eigion;
  Ac yn y ddawns, canodd hon
  Bêr ddadwrdd ei breuddwydion,—
  Cân isel y cyn oesau,
  Ac yn ei thir, cân ni thau:

 "Yn lle goleuni llawen,
  Hirnos sydd i'r Ynys Wen;
  Bro oedd deg fel breuddwyd oedd,
  Miragl dychymyg moroedd;
  Heini gynt heb wae nag iau,
  Yn hon, breuddwydiem ninnau;
  Mor ddwys, gerllaw moroedd hon,
  Oedd wrando cerddi'r wendon!

 "Gwae oedd yn hon yn cronni,
  Hanes aeth oedd yn ei si,
  Waneg drist ar unig draeth,
  Taeraf uchenaid hiraeth!

A'n hynaif ni, ohonynt,
Ni bu gŵr nas clybu gynt,—
Yn brudd hud i'w breuddwydion
Yr aeth dwys hiraeth y don.

"Pand gwell na brwydr oedd grwydraw
  Anial gwlad trwy niwl a glaw?
  Hyd foelydd y dyfelynt
  Hiraeth a gwae certh y gwynt;
  A thrwy goed disathr a gwŷdd,
  Dysgasant dasg eosydd,
  A'u hadar fu'n eu hudo
  I ddysgu'n cerdd, oes cyn co!

"Ond gwae'r dydd y dygai'r don
  I'n distryw laniad estron!
  Creulon oedd y don a'i dug,
  Llafn a saeth oll fu'n seithug,
  Rhag mor ddihir oedd diriad
  Ei gwrwgl hir ar gwr gwlad.

"Ei wallt fel banadl elltydd,
  A'i lygad ail i lug dydd;
  Ei lafn hir, mor loywfain oedd,
  Yng nghad gwas angau ydoedd;
  Gwae o'i wenwyn! lle gwanai,
  Oddi yno dyn, hawdd nid âi;
  Rhag adwyth ei ergydion,

Ofer oedd y dewra'i fron;
Nid dewis onid dianc
Yn ôl o'r drin, neu lwyr dranc!

"Rhyddid, nid oes a'i rhoddo
Inni na braint yn ein bro;
Bryd nos, rhyw ysbrydion ŷm,
Diddadwrdd liw dydd ydym,
Heb ran ond Gwlad y Bryniau
Inni yn borth o'n hen bau;
Rhag distryw y gad estron,
Nawdd hir fu mynyddau hon;
Adanedd cysgod inni
Ydoedd wyll ei choedydd hi,
Y lle ni all un na ŵyr
Eu hadwyau, weld awyr!

"Ymgyfyd drum ar drum draw
A dwyster pellter distaw
Dieithr, rhydd hyd eitha'r hynt,
Hanner trist fwynder trostynt;
Yng nghiliau'r mynyddau, nos
Ddu oer sy'n llonydd aros,
A thros eu haruthr resi,
Taen niwl llwyd, fel tonnau lli;
A'u gwelo, tros ei galon,
Aml y tyr hiraeth, mal ton
A lifo'n drom ar lyfn draeth,

Lli anaraf llanw hiraeth
Wyllt hiraeth y pellterau,
Pwy a'u lludd fyth rhag pellhau!
Fwyned in fyned yno,
Ond o fynd ni phaid efô;
Mwyn ni bydd man y byddom,
Mwyna byth y man ni bôm!"

Darfu'r gerdd pan oedd draw frig y wawrddydd
Uwchlaw'r bryniau'n coch liwio'r wybrennydd,
  A gofer deg o fôr dydd yn dirwyn
Ail eurog gadwyn drwy giliau'r coedydd;
  Tawodd; a hithau'n tewi,
  Yn y gwawl swrth gwelais i
  Wyneb y rhiain honno—
  A'i gwelai, fyth, gwêl efô!

Gwelwn hiraeth fel goleuni euraid
Yn nhawel eigion ei duon lygaid
  Yn cynnau—rhoddi cannaid ddisgleirdeb
Ar wedd ei hwyneb yr oedd ei henaid;
  Gwyliais ei threm yn gwelwi,
  Oni chlywais groch laes gri,
  A'r dorf heb air a darfodd,
  Ac mal y ffy cwmwl, ffodd.

II

RHYFEL

"Parth ydvei ny bitei fo."
"Pieu y bet in llethir y brin
  llawer nys gwir ae gowin."
—ENGLYNION Y BEDDAU

A'r nos yn treio'n isel
I'r coed a'r pellterau cêl,
Yntau huan yn tywallt
Ei lanw gwefr dros lwyn ag allt,
Hyd lawes gul lle'r oedd dulas gelyn
Draw'n ymylu ar fedw a drain melyn,
  Rhodiais, a thrwy y rhedyn oedd ar hyd
Yr ael yn diffryd torlan y dyffryn.

A thraw ymledai maith ros,
A'i redyn lliw marwydos
Yn frith gan ddirfawr eithin,
Cyrs a chwyn cras a chawn crin;
Draw ymagorai, dros drumau geirwon,
Ehangder awyr; ac yng ngodreon
  Y rhos, yr oedd ymryson diddarfod
Y môr a'i gryndod ym mrigau'r wendon.

Crwydrais ac o hir edrych
Dros hafnau a bryniau brych,
Gwelais o ben y golwg,
Tua'r wlad is, megis mwg;

Codai'n laswelw o'r coed yn ael isaf
Y rhos, gan wyro'n rhesi gwyn araf;
  Ond huno oddi tanaf 'roedd y wlad,
A'i hud diddirnad eto oedd arnaf.

   Gwyliais y mwg yn gwelwi,
   Oni chlywais groch laes gri,
   Eilwaith, fel aruthr alwad
   Ar y gwrdd i gyfle'r gad;
Ac eto bu cryg ateb y creigiau
I lais y drin, fel rhyw laes daranau,
  Fel pe bai'n angof ogofâu duon
Aml luyddion yn disgwyl ymladdau.

   Drwy chwyn a rhedyn y rhos
   Y bwriwn gyrch heb aros,
   Nes dyfod i'r cysgodion
   Tan frig coed duon y fron;
Ar y goror draw gwelwn dre gaerog,
A thrin fawr rhag ei thyrau nifeiriog
  Ar ddechrau, lle yr oedd ochrog ddibyn
A glyn yn derfyn rhwng dwyblaid arfog.

   Gwyliwn drwy gelyn a drain
   Ryfelwyr yn dorf filain,
   Res ar res yn dynesu,
   A'r haul llathr ar arfau'r llu

Yn bwrw ei lif fel yn berlau ofer
Oni bu lendid i'w blwng ysblander;
   Parhaus y dôi pob rhes dêr, fel tonnau
Ym merw egr lannau môr a greuloner.

Ac i'w derbyn, dan y coed o hirbell,
Y gwrdd Frython a gerddai i'w freithell;
   Tawel oedd, fel tymestl hell pan gasglo,
A'i braw yn duo yr wybren dywell.

Bu ennyd dawel, a phawb yn tewi,
A dal ei anadl, fel pan hyd lwyni
   Na chryn nag awel na chri yn unman,
A hithau'r daran ar aruthr dorri.

Yna torres, nes crynu y tiredd,
Enbyd ddolef eu tanbaid ddialedd,
   Cyn bod bâr a chynddaredd dau elyn
Yn toi y glyn â distaw gelanedd.

Fel deufor greulon lle byddo'r tonnau
Yn ymgyfwrdd yn agwrdd wanegau,
   Yr aeth y milwyr hwythau, mor gyflym,
Draw yn eu grym yn dariannog wrymiau.

Ac fel deuwrym y ddwydon drochionog
Yn culhau'r lled rhwng eu cloriau llidiog,
   Yn un llinell ewynnog, felly, nes
Yr esgynnai y ddwyres gynddeiriog.

Fel hwrdd diatreg y gwyllt wanegau
Onid unont yn uncrug o donnau,
　Yn untwr unwyd tariannau di-rif,
A mwy na'r llif rym anwar y llefau.

Ac am ennyd bu chwyrn y cymynu,
A'r waneg grain o filwyr yn crynu
　Yn llawn aidd, nes llonyddu yn engur
Reng o ddolur a phoen rhwng y ddeulu.

Rhag y berw, fel mewn dychryn oherwydd
Y lladdfa flaenaf, lleddfai aflonydd
　Rengau'r gad, fel brigau'r gwŷdd pan beidio
Ystorm â ffrystio ar rym fforestydd.

Ennyd yn unig fu nad enynnodd
Hynny nwydau y llu, oni neidiodd
　Rhesi ar resi, ni rusodd undyn,
Rhag ei elyn, ni bu ŵr a giliodd.

A thrwy y dydd rhag aruthred oeddynt,
Oni hwyrhaodd hwy ni arhöynt,
　A rholiai eu cri a'u helynt heb ballu
Nes ymdaenu o'r llwydnos amdanynt.

Na thwrf peleidr y gad a'i thanbeidrwydd,
Huotlach obry'r tawelwch ebrwydd;
　Tros gyfle trais ag aflwydd, megis lli
O ryw dosturi yr âi'r distawrwydd.

Wedi hir a mud aros
Yn nwfn unigrwydd y nos,
Gwelais, a mi yn gwyliaw,
Ar ryw drum dân eglur draw;
I mi, yn eigion fy nhrwm unigedd,
Byw y llewychai tân y bell lechwedd,
 Ag ni ddorwn gynddaredd un gelyn
Wrth y glyn a'i ddigymorth gelanedd.

Ni ddôi un sŵn oddi yno
Hyd yr allt, ond ambell dro,
Adar yn blin drydar draw,
Neu odwrdd bleiddiau'n udaw;
Ag uchenaid dromlwythog ei chyni,
Trwy y glyn euthum tua'r goleuni,
 Lle'r oedd y glew yn distewi yn flin
Gwedi ôl trin a gwaedlyd drueni.

Dan ludded, yn y rhedyn
Rhywiog a bras rug y bryn,
Ar y llawr gorweddai'r llu—
O geilw gwsg, mynn glew gysgu!
Gloywai disgleirdeb y tân wynebau
Gwŷr cynefin ag aer ac anafau;
 Yno nid oedd namyn dau na chysgent,
Ysig oedent ar bwys eu hysgwydau.

A di-ystum a distaw,
Is cwr y llwyn prysg gerllaw,

Tros ennyd teriais innau,
Onid oedd hawdd weld y ddau;
Llesg oedd un at waith trin a byddinoedd,
A blin ei wedd gan rychau blynyddoedd;
 Cadarn ac ieuanc ydoedd ei gymar,
Enaid rhuthr anwar antur a thrinoedd.

"Hir hunant," eb yr henwr,
"Hun yw na ddaw i hen ŵr!"

Eb ei gymar: "Ba gamwedd,
Gwedi'r gad orig o hedd?
O dôi cwsg a'm diocáu,
Hynny a wnawn, hunwn innau;
Can' hwyr y'm sïaist cyn hyn
Mwy dy dâl—mae dy delyn?"

Ebrwydd â dwylaw y bardd, o'i delyn
Bu wae a llawenydd o bob llinyn,
 Ac ebrwydded o'r rhedyn, gyfodiad
Torf fel ar alwad rhyfel rhyw elyn;
 Ond a'i glir grynedig lais,
Galwodd y bardd, a gwelais
Fil yn fud o'i flaen efô,
Ni bu'r undyn heb wrando:

"Carwn y dywell, bell bau,
Bro annwyl coed a bryniau,
Ni ffy Brython ohoni
Cyd â'i fod y ceidw ef hi!

"Ban aeth ein hen bennaeth ni
Gynt o'i fodd gyntaf iddi,
Cafodd, pan gyrhaeddodd hon,
Orau tir i had dewrion
A garai fod i'w goror
Uchder maith a choed, a'r môr.

"Ryw fore o'r haf eurwawr,
Pan aeth mab y pennaeth mawr,
A'i gŵn a'i wŷr a'i gynydd
Hyd y rhos i godi'r hydd,
O'r dorf ar ddisberod aeth
Ef, fab hynaf y pennaeth.

"Ar ei antur âi yntau,
A thrwy bell a dieithr bau
Na bu dyn o'r byd yno
Yn y fan o'i flaen efô;
Fin hwyr, ac ef yn aros,
Ar ryw fron hir i fwrw nos,
Clywai gân o'r clogwyni,
A phrudd iawn a phêr oedd hi.

"Ac wrth droed y graig gerth draw,
Gwelodd, ag yntau'n gwyliaw,
Ryw ieuanc eiddil riain,
A'i gwrid o ros brigau'r drain;
Ei bron fel brig y don dêr

Gan orferw pan gynhyrfer,
A'i thresi'n dulathr osod
Meddal wyll am ddeuliw ôd.

"Bu poen i fab y pennaeth,
Ar ei hôl yn wyllt yr aeth,
I ganol y clogwyni
Yn ddi-ofn canlynodd hi.

"Hyd y llethr, trwy goed a lli,
Hi a'i denodd hyd oni
Ddaeth i ryw lwys ddieithr wlad,
Heb loyw huan, heb leuad,
Namyn tonnau mân tyner
O wawl swrth, fel golau sêr.
Yno'r feinwar a fynnai
A gafodd o'i bodd, tra bâi
Heb holi camp a helynt
Ei wlad goll na'i olud gynt.

"Mor ddedwydd, ddedwydd fu'r ddau
Fel nad oedd flin eu dyddiau,
Oni holodd ef helynt
Ei wlad goll a'i olud gynt.
Yna'i arwain a orug
Ei wraig o'i dôr, ag a'i dug
Hyd ffordd gêl i'r lle gwelynt
Ei wlad goll a'i olud gynt.

"Hyd dŷ ei dad eto daeth,
Ond oherwydd du hiraeth
Am y feinwar a garodd,
Wele, trwm yn ôl y trodd;
Ond ofer a fu dyfais,
Ofer gŵyn ac ofer gais,
Dringodd nes iddo drengi
O'i wlad heb ei gweled hi!

"Ac yno fyth, gwn ei fod
Hyd y llechwedd doll uchod,
Heb hun na hedd hyd heddiw
Ysbryd ar ddisberod yw!"

Hedd hun sorth oedd yn nesáu,
Yn y swyn, hunais innau.

III

RHAMANT

*"E'm rhoddes liw tes lw teg,
na chawn gan unferch chwaneg,
llw a chred, myn y bedydd,
i mi dan ganghenni gwŷdd;
a rhwymaw llaw yn y llwyn
yn ddiddig a'i bardd addwyn,
myn Mair, a bu offeiriad
Madog Benfras, mydrwas mad."*

—DAFYDD AP GWILYM (?)

A dydd a'i dywel melyn
Yn cyrraedd brig hardd y bryn
O'i lys uchel i sychu
Deigr nos oddi ar ddaear ddu,
O dan y swyn y dihunais innau
I geisio'r fyddin,—digysur feddau
  Yno oedd dan garneddau yr oesoedd,
Hen a dwfn ydoedd hundai fy nhadau!

Hyd riw ag allt, dros dir gŵydd,
Gwisgai hydref gysgadrwydd
Niwl dieithr, yn ail dewin
A wyddai ryw ryfedd rin;
A deuthum innau o daith y mynydd
I le caeedig ynghanol coedydd,
  Lle'r oedd heulwen ysblennydd yn cronni
Yn lli goleuni rhwng gwyll y glennydd.

Ger llwyn ar gwr y llannerch,
Gwylio'n fud y gwelwn ferch,
Yn nhrwsiad glana'r oesoedd;
Ni ddywed iaith hardded oedd;
Sindal ei gwisg megis ewyn gwisgi
Trumau y don, oedd yn troi amdani,
  A channaid don ei chnawd hi, pan wridai,
Ail gwin y rhuddai liw gwyn yr eddi.

Ei gwddf oedd gyfliw gwyddfid,
Yn dwyn rhyw iâs o'i don wrid,

A'i grudd fel ei graidd efô
　　Yr adeg y llawn wrido;
Ac mal ymylwaith o gwmwl melyn
Hyd ei hysgwydd, ei gwallt oedd yn disgyn,
　　Ag ar y pali gorwyn, fel eurdo
Haul a chwaraeo ar luwch yr ewyn.

　　Faswed oedd ei gwefusau
　　Â'r pabi coch, coch, sy'n cau
　　O'i fewn ef wrid dyfna'i fron,
　　A'i gelu wrth ei galon;
Ond dôi i'w llygaid glas tywyll eigion
Ryw anesmwythyd oer neu siom, weithion;
　　Dyfryd ymchwyddai'i dwyfron gan guriad
Llanw disgwyliad ei holl nwydus galon.

　　A gwelwn ŵr glân ei wedd,
　　Esgud a balch ei osgedd,
　　I'r oed yn llys y coedydd
　　Yn dyfod o gysgod gwŷdd;
A lled agorodd moethus wefusau
Y deg a thonnodd gwaed i'w gwythiennau;
　　Taenodd, a'r pali tenau yn hyfryd
Wawrio tros ennyd fel gwrid rhosynnau.

　　Crymodd, daliodd ei dwylaw,
　　Chwarddodd, esgud redodd draw,
　　A maint y llamai yntau—
　　Iddynt, dim nid oedd ond dau!

"Dafydd," eb hi, "pe defod
Nef ei hun a fynnai fod
Rhwystr rhyngom, down, dros drengi,
Awn i wae'r tân erot ti!"

Eb yntau: "Och, benyd hir
Bod funud hebod, feinir!
Morfudd fwyn, marw fydd f'enaid,
Am ein ffydd, â mi na phaid!"

Ond i'w chof daeth rhyw ofid,
O'i theg rudd yr aeth y gwrid;
Pylodd lliw'r rhos o'r pali,
Gwelwodd oll, ag wylodd hi:
"Heddiw, Dafydd, y deifir
Blodau ein heneidiau'n wir;
Yfory caf, i'r cwfaint
Ymado â serch ym myd saint!"

Eb yntau: "Gwêl, band teg yw
Yn y cudd ddianc heddiw?
Morfudd, fy mudd, fy meddiant,
I'w noeth ddu gell, hwy ni'th gânt!
Mae ennyd yma inni,
Pryd eiry nef! prioder ni
Yn eglwys deg lwys y dail,
Llan gywair llwyni gwiail;
Gwêl, fun hardd, golofnau hon,

O dderi cenwyrdd hirion;
Laned ei tho telediw
A'i mwsogl lawr cymysg liw;
Unsut rhwyll ffenestri hon
Â brodwaith yr ysbrydion!
Pand caled penyd calon
Ddisgwyl yr awr ddisglair hon!
Difrod maswddail a blodau,
Feddal dwf fydd wely dau,
A gwin i ddeufin hoff ddau
Deuwell na gwin y duwiau!"

Eb hithau: "Gwae, pethau gwych
A fedri di pan fydrych!"

"Eithr a fydraf," eb Dafydd,
"Hynny, ferch, cyn heno a fydd!"

Law yn llaw, dan flaenau llwyn,
Ymwyrodd mab a morwyn,
Yn ddistaw ddwys at y ddau,
Daethant, a gwylient hwythau.
Isel oedd eu sisial hwy,
Distaw lafar destl ofwy;
Rhwng y bedw aeth y pedwar
I eglwys ddail briglaes ddar,
Ac ym mrys eu cam yr oedd
Traserch hyfryta'r oesoedd.

Hyd eglwys deg lwys y dail
Rhodiais, ond gwag yr adail,
A'r chwa fel tristion donnau
Uchenaid serch, yn dwysáu!

IV

DADENI

"Nec alia, ut arbitror, gens quam haec Cambrica, aliave lingua, in die districti examinis coram Judice Supremo, quicquid de ampliori contingat, pro hoc terrarum angulo respondebit."
—GIRALDUS CAMBRENSIS SCRIPSIT.

Rhodiais yn drist trwy redyn
A grug i lawr at gwr glyn,
A thrwy y bwlch, ar lethr bell
Glyn gwastad, gwelwn gastell;
Eiddiorwg iraidd oedd ar ei gaerau
Onid du erwin oedd wedd y tyrau,
 A tharth yr isel barthau yn gorwedd
Yn rhyw gyfaredd ddofn rhag ei furiau.

A mi'n dyfod gan rodiaw
Ar ael y drum, a'r haul draw
Yn gostwng, a'r hen gastell
Wrth y bwlch fel lledrith bell,
O adfeilion y gaer codai filoedd
O leisiau nwyfus i'r lwydlas nefoedd,
 Odidog ganiad ydoedd, onis caid
Yn deffro enaid dwfn y dyffrynnoedd.

    Ymwthiais yn chwim weithian
    Drwy y gwŷdd gan wrando'r gân
    O ddwyster yn troi'n ddistaw
    Gywair lleddf, a mi gerllaw;
A balch ac oer oedd y bylchog geyrydd,
Meddwl brad yn drom ddelw o barwydydd,
   Fel llun anghenfil llonydd, fel breuddwyd
Traha, a gaewyd mewn main tragywydd.

    Trwy y porth tua'r parthau
    Oddi fewn, trwy ddu fwâu,
    Yn rhodio'i lefn hyfryd lawnt
    Draw fe welwn dorf alawnt;
Eto ennyd a chlywais y tannau
A leinw y galon yng ngŵyl ein gwyliau
    O reufedd y canrifau, gan agor
Erom ein trysor, rhamant yr oesau.

    Yno'r hen delynor oedd,
    Bwrw hud ar bawb yr ydoedd,
    Pob nod fel pe bai'n neidiaw
    Yn gawod wlith gyda'i law,
Fel y naid barrug o'r grug ar greigiau,
A drain a ergydier, yn ir gawodau,
    Ond bod yr ysgafn ddafnau yn cwympo
Gwedi eu swyno'n gawod o seiniau.

    Ac o'r miloedd, nid oedd dyn
    Nad wylodd gyda'r delyn,

Nac un na wybu'n ddi-wâd,
Ban dawodd, boen dyhead;
Ond fel awel drwy'r awyr dawelaf
Yn nhrymder Awst, pan dramwyo dristaf,
  Drwy y prudd-der tyneraf daeth celfydd,
Felys leferydd, fel islif araf.

A'i lygad fel toriad dydd,
Draw o flaen y dorf lonydd,
Yr oedd gŵr—mawreddog oedd,
Di-dlawd a huawdl ydoedd,
Hoywaf ei olwg, eto hefelydd
O lais ag wyneb i lesg awenydd
  Y dorf a welais, fin dydd y brwydro,
Y nos lom honno is ael y mynydd.

Llefarodd y gŵr. Llifo'r oedd geiriau
Iaith odidog ac esmwyth ei dadau
  Yn felys dros ei wefusau, gan ddwyn
Rhyfedd swyn y canrifoedd i'w seiniau:

"Ba rinwedd, Wlad y Bryniau,
  A gwyrth sy'n wir i'r tir tau?
Dy wiw fryd difarw ydyw,
Didranc, hen ac ieuanc yw;
Yn dy awyr mae anadl y duwiau,
A dawn a rhin byw dân yr awenau,
  A'th gywrain iaith a'i geiriau digymar
Mal isel lafar eu melys lefau.

"Er estron dra, er ystryw neu droeon
 Brad greulonach na bryd gwir elynion,
   Er aros drwy yr hirion flynyddoedd,
 Nid oferedd ydoedd dy freuddwydion.

"Yma daeth Rhufain a'i hymdaith ryfel
 Yn fawr ag awchus, fel ton frig uchel,
   A threngodd draw ar dy dawel greigiau,
 Ym medd hen oesau mae heddiw'n isel.

"A thon oedd gadarn yno fu arnad
 O'r duoer Ogledd ag anwar dreiglad,
   Ond treiodd er maint ei rhuad a'i bloedd,
 Er uthred ytoedd ei rhuthr hyd atad.

"A daeth dialedd o duedd Deau
 Yn greulonach i'th unig, arw lannau,
   O rhoed mewn undydd yr iau ar Saeson,
 Ba wael gad weithion na'th blygai dithau?

"Ond er ei arwed, mwydo d'ororau
 Dros bedeiroes y bu waed ei aerau,
   Er hyn, os trwy frad yr iau o'th anfodd
 Arnat a wthiodd, yr un wyt tithau!

"Maith fu ei obaith am ladd dy feibion,
 A difa'r iaith nas gadawai Frython;
   Tithau a'th ramant weithion a'i meddwaist,
 Oni liwiaist y byd â'th chwedleuon.

"O'th ddiystyrwyd drwy'r faith ystori,
Ni lwyddwyd unwaith i ladd dy ynni;
　E ddaw dydd dy dduwiau di, o chollwyd,
A byw, o'th faeddwyd, dros byth a fyddi!"

A phan araf orffennai ei eiriau,
Torri'n llaes a wnaeth taran, ail lleisiau
　O'r entyrch, ac ebr yntau yn uchel
A'i wedd yn dawel, "Clywch floedd ein duwiau!"

　Tawodd, a'r bobl yn tewi
　Trwy y swyn, ond bod rhyw si
　Yn treiddio'n ysgafn trwyddynt
　Fel gwan sisyfwl y gwynt;
　Ond ebrwydd rwygwyd wybren
　Ag ynni coll rhyw gainc hen
　Ryfelgar; ymwasgaru
　A wnaeth y dorf; a daeth du
　Esgyll y gwyll, gan amgáu
　Yn drist oer dros y tyrau;
　Eithr ar hyd maith oriau'r hwyr,
　Rhywiog gan gân fu'r awyr.

Ysbryd gwlad, os bradog lu
Cas lwyth fu'n ceisio'i lethu,
Iddo, trwy hyn, ni ddaw tranc,
Heb ddiwedd y bydd ieuanc!

TIR NA N-OG

AWDL DELYNEGOL AT BERORIAETH

Seiliwyd y gerdd hon ar hen chwedl Wyddelig, a geir mewn amryw ffurfiau, yn adrodd fel yr aeth y bardd Osian i Dir na n-Og gyda Nia Ben Aur, merch brenin yr ynys, ac y bu fyw yno gyda hi dri chan mlynedd. Un dydd, medd y chwedl, daeth drosto awydd gweled ei hen wlad. Dywedodd Nia wrtho, o dodai ei droed ar dir Iwerddon, yr âi'n hen ac y byddai farw. Atebodd yntau na ddisgynnai oddi ar ei farch. Aeth Osian dros y môr hyd Iwerddon. Nid byw mo'i hen gymdeithion mwy, a bychain oedd y bobl, o'u cymharu â'r gwŷr gynt. Un dydd, wrth grwydro ar ei farch, gwelodd Osian ddengwr a deugain yn ceisio dodi maen ym mur rhyw gaer, ond nid oedd rym ynddynt i'w wneuthur. Dywedodd yntau y dodai ef y maen yn ei le iddynt, ond cael a fynnai o fwyd. Rhoed iddo a geisiai. Wrth iddo godi'r maen, torrodd cengl y cyfrwy, syrthiodd yntau ar lawr, aeth yn gleiriach dall yn y fan, bu farw, claddwyd ef yno, cyfodwyd carnedd ar ei fedd a thorri ei enw mewn ogam erwydd.

Personau'r Chwarae:

Osian: Bardd.
Nia Ben Aur: Merch Brenin Tir na n-Og.
Helwyr, Morynion, Seiri.

RHAN I

Llannerch yn Ynys Rathlin, ar draeth Iwerddon. Creigiau a choed i'r dde a'r chwith. Y môr i'w weld rhyngddynt, yn goch tan liw ymachlud haul yr hydref. Clywir sŵn cyrn yn canu yn y pellter, a bytheuaid yn cyfarth. Gwanha'r goleuni yn araf. Daw OSIAN *a'r* HELWYR *i'r golwg o'r coed. Safant i wynebu'r môr.*

OSIAN *(yn edrych ar y môr ac yn torri i ganu)*:
>Diwedd gwael i'n dydd a gaid,
>A thawodd y bytheuaid;
>Oferedd gennyf aros,
>Hulio nef mae niwl y nos
>Gan ryw wan gyniwair hyd
>Wig Rathlin, fel gwe rithlyd;
>Lliwiwyd y maith orllewin
>I gyd ag aur, gwaed, a gwin;
>Mor dyner yw'r môr danom,
>A'i ddŵr hallt fel cleddau rhôm
>Ag Erin draw, ag ariando'r ewyn
>Am dro ei glan fel modrwyog linyn;
>Awn yno, lle cawn ennyn
>>Pêr hiraeth,
>A'i lethu'n hudoliaeth
>>Hen y delyn!

YR HELWYR:

>Awn yno, lle cawn ennyn
>>Pêr hiraeth,
>A'i lethu'n hudoliaeth
>>Hen y delyn!

Cerdda'r HELWYR *draw. Daw* MERCH *i'r golwg o'r traeth, a dynesu at* OSIAN. *Ymgrymant y naill i'r llall. Edrych y ferch at y môr, ac estyn ei llaw tuag ato, ond deil* OSIAN *i syllu arni hi.*

OSIAN *(megis rhyngddo ag ef ei hun)*:
    Ail nid yw'r rhos
      I rudd ddeurudd hon,
    Un glaerach yw'r deg
      Nag alarch ar don.
    Nid ail yw y mêl
      O'r diliau i'w min,
    Rhag eiliw ei gwawr
      Y gwelwai y gwin.

(Wrth y FERCH*)*:

    Enaid y môr!
      O, dywed i mi
    Yr enw teg
      A roir arnat ti.

NIA *(yn syllu arno yntau)*:
    Nia Ben Aur,
      Yn ein glân bau ni,
    Yw'r enw, O fardd,
      A roir arnaf i.

OSIAN: Nia Ben Aur!
      Gwae fi na bawn un
    O ddeiliaid y wlad
      A addolai dy lun;
    Enaid y môr,
      O! dywed i mi
    A luniwyd un wlad

        Uwchlaw neu dan li
        A'i blodau mor bêr,
        A'i golau mor dêr,
    Digon pêr, digon têr gennyt ti!

NIA: Merch wyf i i Ri yr Ieuanc,
        Sy â'i dir yng nglas y don;
    Ni ddaw yno arwydd henaint,
        Gwae na briw fo'n gwanu bron.

    Eilio mawl i'th odlau melys,
        Osian hael, a glywswn i,—
    E ddiflasai'r gerdd felysaf,
        Enaid, wrth dy ganu di!

    Heno dyred, Osian dirion,
        Rhwyfwn ni i'r hafan wen,
    Cei, a'r don yn curo danom,
        Serch heb wae, a'r sêr uwchben!

    Dyred, dyred!

OSIAN: Hoffed Erin,
    Erin lân yr arian li!

NIA: Heno, dyred! Nid yw Erin
        Ond ail nos i'n dolau ni!

OSIAN: Gwae dolurus gadael Erin,
        Ildio byd anwyldeb oes;

NIA: Di gei olud bodd dy galon,
 Byw na ludd un boen na loes!

Dolau, glynnoedd, deiliog lwyni,
 Heulwen haf i'th lawenhau;
Mawl y delyn mal y diliau,
 Gleiniau fil, a'r galon fau.

Heno, dyred!

OSIAN: Ennyd, aros!

NIA: Heno, dyred!

OSIAN: Onid af,
Gaeaf mwy a gâi fy mywyd,
 Hebddi hi, ni byddai haf!

Nia dirion!

NIA: Heno, dyred!

OSIAN: Nia! dos â'm enaid i,
Yn d'oleuni y dilynaf,
 Bydd y dydd lle byddi di!

NIA: Wele'r hwyl ar ael yr heli,—
 Yn y bad, a'r sêr uwchben,
Awn a'r don yn dyner danom,
 Rhwyfwn ni i'r hafan wen.

Y DDAU: Wele'r hwyl ar ael yr heli,—
          Yn y bad, a'r sêr uwchben,
          Awn a'r don yn dyner danom,
          Rhwyfwn ni i'r hafan wen.

Gwanha'r goleuni yn araf, oni bo'n llwyd wyll. Daw'r HELWYR *i'r golwg eilwaith. Safant i edrych ar* OSIAN *a* NIA. *Safant hwythau gan edrych tua'r môr, a* NIA *yn estyn ei llaw tuag at wrid olaf yr haul yn y pellter.*

MORYNION *(o'r golwg)*:
    Lle mae haul yn lliwio môr,
    Fore neu hwyr, yn farwor,
    Heb wae trist adnabod tranc,
    Tragywydd y trig ieuanc!

Cerdda OSIAN *a* NIA *i lawr tua'r traeth.*

YR HELWYR: Ochôn! Ochôn! Ochôn!

Cilia'r HELWYR *o'r golwg. Clywir eu cwyn yn pellhau. Daw'r nos.*

RHAN II

Llannerch yn ynys Tir na n-Og, yng nghanol coed a blodau. Daw NIA *i'r golwg a gwrendy. Clywir megis sain tannau o bell. Cynydda a derfydd. Cilia* NIA *i'r cysgod.*

MORYNION *(o'r golwg)*:
    A feddo gof a fydd gaeth,
    Cyfaredd cof yw hiraeth;
    Disgwyliad, ŷs y galon,
    Trwy alar hir treulir hon!

Daw OSIAN *i'r golwg. Saif a gwrendy fel pe bai'n clywed rhywbeth. Clywir o'r pellter megis atsain cyrn a chyfarth cŵn, ac yna lleisiau dynion yn canu:*

    Awn yno, lle cawn ennyn
      Pêr hiraeth,
    A'i lethu'n hudoliaeth
      Hen y delyn.

OSIAN: Pêr hiraeth! Pa ryw eiriau?
        Pa ryw hud sydd yn parhau?
        Hudoliaeth hen y delyn,
        Pa ryw hud sy'n peri hyn?
        O! fwynaf Ynys Ienctid,
        Ai rhy ddi-fai dy hardd fyd
        I ddal anesmwyth galon
        Dyn o hyd, a denu hon?
        Dirioned wyd! Er hyn, daeth
        Am Erin imi hiraeth,—
        Erin, ddihafal oror,
        Ba ryw le mae, berl y môr?
          Daw NIA *i'r golwg yn araf o blith y coed.*
        Nia deg! i'm bron y daeth
        Am Erin lam o hiraeth,

Erin lân yr arian li,
Lun haul yn nolen heli,
Dyred, yr hwyr, dyro dro,
Am unwaith â mi yno!

NIA: Gwrando goel a gair nid gau,
F'enaid, a draethwyf innau;
Yno, o delych unawr,
Farwol un, o'th gyfrwy i lawr,
Diogel na ddychweli
Eto fyth hyd ataf i!

OSIAN: Minnau, a'th serch i'm hennyn,
Ba wedd im y byddai hyn?

NIA: Gwywo bu lawer gaeaf
Yn Erin oer wenau haf,
A thi yn brydferth ieuanc,
Heb wae trist adnabod tranc,
Yng ngolud eang heulog,
Tiriona nef Tir na n-Og;
O dodi, wedi'r oediad,
Droed i lawr ar dir dy wlad,
Anniddig yr heneiddi,
Trwy ing daer y trengi di.

OSIAN: Yn Erin mynnwn aros
Un dawel awr, Nia dlos!

NIA: Os Erin werdd a gerddi,
Awr fydd d'awr a'th orfydd di.

OSIAN: Erin y môr! yno mae
Y gwŷr y bûm yn gwarae
Gyda hwy, ag wedi hyn
Ar gil yn gyrru'r gelyn;
Gad weled dy goed eilwaith,
Erin y môr ewyn maith!

NIA: Os Erin werdd a gerddi,
Awr fydd d'awr a'th orfydd di!

MORYNION (*o'r golwg*):
Os Erin werdd a gerddi,
Awr fydd d'awr a'th orfydd di!
Aros lle mae yr oriau
Lawn o hud i'th lawenhau,
Haul haf ag awel hefyd
Fel y mêl yn falm o hyd.

Tra fo'r MORYNION *yn canu, saif* OSIAN *a* NIA *gan edrych ar ei gilydd.*

OSIAN (*gan ddal ei ddwylaw at* NIA):
Eiliw haul ar loywa heli,
Eilun nwyd fy nghalon i,
O, f'anwylyd, tynn fy nwylo
I'th eiddilwyn ddwylo di.

F'annwyl, agor d'addfwyn lygaid
   Gloywaf fel y gwelwyf i
I oludoedd cêl waelodion
   Glân a dwfn dy galon di.

Gwylia dithau, gwêl hyd eithaf
   Eigion fy ngolygon i,
Yno gweli dân y galon
   Lanwyd â'th oleuni di.

Dof yn ôl i dŷ f'anwylyd,
   Heriwn wlad a nofiwn li,
Heb un ing wynebwn angau
   Mal y down i'th ymyl di!

Cilia OSIAN *ymaith yn wysg ei gefn. Ymgryma i* NIA. *Diflanna. Saif* NIA *gan edrych ar ei ôl.*

MORYNION *(o'r golwg)*:
   Aros lle mae yr oriau
      Lawn o hud i'th lawenhau,
   Haul haf ag awel hefyd
      Fel y mêl yn falm o hyd!

Gwanha'r canu o hyd, nes darfod yn y pellter. Fel y bo'r canu yn gwanhau, cryfha'r goleuni, oni ddengys NIA *yn sefyll yn ei holl ysblander fel delw ar ganol y llannerch, a'i golwg o hyd tua'r môr.*

RHAN III

Yn Iwerddon. Safle hen gartref OSIAN. *Meini ar chwâl yma ac acw. Seiri yn dwyn meini at adeiladu mur, a phennaeth yn edrych ar eu holau.*

Y SEIRI *(yn canu)*:
        Dyma'r lle bu gartre'r gân
        Felysaf eiliai Osian
        Oesau'n ôl. Dyrysni yw
        Neuaddau'r dewrion heddiw;
        Ond yn awr, cyfodwn ni
        Lys arall.

Y PENNAETH: Wele, seiri,
        Gwael fydd sail ein hadail ni,
        A maned yw ein meini!
        I gaer ein tadau gwrol,
        Mynnwn ni eu meini'n ôl.

Y SEIRI: Mynnwn ni eu meini'n ôl
        I gaer ein tadau gwrol,
        Fel yn nydd y gelfydd gân
        Felysaf eiliai Osian.

Ânt ymaith. Daw OSIAN *i'r golwg ar ei farch y tu draw i'r mur, ac edrych ar y gwaith. Clywir canu'r seiri yn darfod draw.*

OSIAN: Trist yw nad oes heddiw sôn
Am daith fy nghydymdeithion;
Nid oes, lle'r oedd gannoedd gynt,
Hanes am un ohonynt;
A'm hannedd yma heddiw
Wele, noeth adfeilion yw!
Gwae hefyd yw, mi gofiaf,
Fel doe'r oedd dan flodau'r haf,
A disglain des glân y dydd
Ag aur yn toi'r magwyrydd;
Wynebau glân, bywiog lu,
Aml lais gwin, melys ganu;
Glân oedd, digalon heddiw,
Annwyl oedd, ac anial yw!
Af yn ôl. O f'anwylyd,
Nia Ben Aur! na bawn hyd
Y dolau gwyrdd i'w dilyn,
Dan y wawr, a'm byd yn wyn!

Try OSIAN *draw ac â o'r golwg. Daw'r* SEIRI *yn ôl gyda maen mawr, a'i ddodi ar lawr wrth y mur.*

Y SEIRI: I gaer ein tadau gwrol
Mynnwn ni eu meini'n ôl,
Fel yn nydd y gelfydd gân
Felysaf eiliai Osian.

Ceisiant godi'r maen, a methu. Daw OSIAN *i'r golwg eilwaith y tu draw i'r mur ar ei farch, ac edrych arnynt.*

OSIAN *(megis rhyngddo ag ef ei hun)*:
                Adferant henllwyd furiau
                Ddoe fu wych—yr annedd fau,
                Ond, adail, wanned ydynt
                Wrth y rhai a'th godai gynt!
                (Wrth y SEIRI*)*:
                I minnau, wŷr, pe mynnwn,
                Diau hawdd oedd godi hwn,
                A'i roi'n y mur yn y man
                A fynnech chwi, fy hunan!

Y PENNAETH *(gan syllu ar* OSIAN*)*:
                A! fwynwr, a ofynnit,
                Rhwydd am hyn y rhoddem it;
                Rhyfeddod hir a fyddai
                Gael egni un glew a'i gwnâi!
                Ba ryw bris a ddewisi?

OSIAN: Hyn, un waith, a fynnwn i—
                Profi'r gwin pêr a yfynt
                O aur gawg yn Eire gynt!

Y PENNAETH:
                Rhodder y gawg aur iddo,
                A gwin hen frenin y fro,
                Y rhuddwin pêr a roddynt
                Er rhyw gamp yn Eire gynt!

Dwg un o'r SEIRI *gawg a gwin ynddi a'i rhoddi i* OSIAN. Y
SEIRI (ac OSIAN *yn yfed*):
> Gwin i lew ag awen lân,
> Gorau i gyd, medd gair y gân
> Felysaf eiliai Osian.

> Osian, ben tlysineb iaith,
> Denai môr dros donnau maith
> Na welwyd mono eilwaith!

Plyg OSIAN, *cyfyd y maen a'i ddodi ar y mur. Wrth iddo wneuthur hynny, tyr cengl y cyfrwy, a syrth yntau ar lawr. Rhed y* SEIRI *ato a'i gyfodi, yn hen ŵr llesg.*

Y PENNAETH:
> Och! alar, ba ddrychiolaeth
> Welw o ddyn i'w le a ddaeth!

MORYNION *(o'r golwg)*:
> Os Erin werdd a gerddi,
> Awr fydd d'awr a'th orfydd di!

OSIAN *(a'i lais yn crynu)*:
> O, fy nolur, clyw, f'anwylyd,
>   Deuliw iâ ar dyle wyd,
> Hoen y galon hon a gilia,
>   Galw yn ôl, yn ôl, ei nwyd!

> O, ailagor fy ngolygon,
>   Niwl a'u deil, ni wela' i di;

Cau mae dunos tranc amdanaf,
Dial ddaeth, e'm daliodd i.

Nia f'annwyl, oni fynni
  Alw yn ôl fy nghalon i,
Nia, wele f'olaf alaeth
  Deled nos—deolwyd ni!

Syrth i lawr yn farw.

Y SEIRI *(gan dyrru o'i gylch)*:
  Ochôn! Ochôn! Ochôn!

MORYNION *(o'r golwg)*:
  Os Erin werdd a gerddi,
  Awr fydd d'awr a'th orfydd di!
  A feddo gof a fydd gaeth,
  Cyfaredd cof yw hiraeth;
  Disgwyliad, ŷs y galon,
  Trwy alar hir treulir hon;
  Nyni yn hoywon ieuanc,
  Yntau yn drist yn ei dranc;
  Nyni heb wae a'n bywyd
  Fel y mêl yn falm o hyd,
  Yntau yn drist yn ei dranc,
  A ni'n ddiddiwedd ieuanc.

Â'r canu ymhellach, bellach, fel y bo'r goleuni'n lleihau, a derfydd pryd na bo ond llewych yn disgyn ar y SEIRI, *yn sefyll yn hanner cylch o gwmpas corff* OSIAN.

BROSÉLIÀWND

Fforest ddychymyg, yn Llydaw, oedd Broséliàwnd. Yno, medd y rhamantau, y carcharwyd Myrddin, y Dewin, tan ei hud ef ei hun.

    Brynhawn o'r haf, dros y bryniau'n rhyfedd,
    Y daeth rhyw niwl, a'u dieithro'n wylaidd,
    Dim ond rhyw lwch fel diamwnt, ar lechwedd,
    Neu beilliaid aur yn we am bell diroedd,
    Megis, ar gwsg, pe magasai rhyw gysgod
    O bethau oedd, ac am byth a huddwyd,
    A'u cloi yn nhynged encilion angof—
    Y gwawl aur fydd o drigle rhyfeddod
    Weithiau'n diengyd, a'i wyrth yn dangos
    Addfwyn dawel ymguddfan y duwiau,
    Nad oes torri fyth ar ei distawrwydd
    Nag aflonyddu ar gyflawn heddwch
    Araul hoen ei digyffro lawenydd
    Gan eisiau, methu, nag anesmwythyd,
    Na mynd yn angof un dim a brofodd
    Synhwyrau'r duwiau, o nef na daear.

    Ac yn y gwrid, oedd fel cennog rwydwaith,
    Yn ara'i nawf rhwng daear a nefoedd,
    Adnabu'r Dewin, dan wybr y duwiau,
    Fröydd hud ei hiraethus freuddwydion,
    Oni cherddai ei groen, hyd ei ffroenau,
    Donnog angerdd ei waed yn gwingo;
    A galw o eigion ei berlog lygaid

Ddagrau a thanau oedd egr a thyner,
Nwyd anfarwol y bardd am harddwch,
Syberw dywyniad ysbryd awenydd.

A gwyliai yno'n y golau, ennyd,
Fröydd hud ei ddigymar freuddwydion,
Tawel lynnoedd yng nghanol tew lwyni
A rhyw ledrithion o gwrel draethau,
Fel ieuanc fyd o'r nifwl yn cyfodi
A'i sut i foddio rhyw ddistaw "Fydded"
A dorrai o fodd neu stad ar feddwl,
Neu droeog awen mewn hun dragywydd,
Heb na bwriad na diben i'w beri
Onid bod erddi wneud byd o harddwch!

Ag yntau'n gwylio'r gwawn tenau, golau,
Yn afradloni pob hyfryd luniau,
Yn ei geudod fe welai hen goedwig
A dyfai'n dro, a'i dyfnderau eang
Yn llonydd ddal ei llynnau o ddulas;
O'i mud rigolau tremiai dirgelwch
Esmwyth, hudolus, a maith dawelwch,
Oni phrofodd ryw nwyd a'i gwahoddai
I droi o'i ing i ddyfnder ei hangof.

"Ba ryw antur mynd draw?" ebr yntau,
"Ni ellir â swyn ond twyllo'r synnwyr;
A'r wanc, ail fydd, er rhiniau celfyddyd;
Agosed dagrau i ryw gast digrif,
Agosed difrif i gast diofryd!

Aeth hedd y ffydd, hithau a ddiffoddwyd;
Er hyn, ni ddaw ar yr hen ddyhead
Ynddi âi'n dawel, na hedd na diwedd;
Ba ddim o aberth boddi ymwybod
A'i gymar, ing, yng nghwsg y mawr angof?
Ai gwell yw gwybod trwy golli gobaith
Na thagu anobaith ag anwybod?
Pe na bai gof, oni pheidiai gofid?
Pam y bai gas y dulas dawelwch
Onid i'r sŵn sydd yn hudo'r synnwyr?
Pa les, er hyn, fydd y pleser hwnnw
Na phraw na dal na pharhau ond eiliad?
Fyth wedi'r ing, cyd bo faith, daw'r angof,
I wag a llawn bydd yr un gell, yno."

A'r Dewin i mewn i'r hud yn myned,
"Broséliàwnd!" eb rhyw isel undon,
A than y dail, yn y syrthni dulas,
O'r mud rigolau tremiai dirgelwch
Esmwyth, hudolus, a maith dawelwch.
Broséliàwnd, lle bu risial lendid
A bryd yr awen ddibryder, ieuanc!
Ei nos oedd dawel, nesaodd y Dewin
I'w min i geisio am hoen neu gysur;
Mab rhiain oedd, heb gamp ar na wyddai
Yn nwyd ei awen, ond hoen y duwiau;
I'w chalon aeth, a'i cheulwyni hithau
A gafael ei hud fyth mwy'n ei gofleidio;
Gwell ydoedd yr hud na gwyllt ddireidi
Hwyl anniddig y gloywon neuaddau,

Lle nad oedd galon nad oedd aflonydd,
Na berw difyrrwch heb wrid oferedd.

Yno, bu dawel wyneb y Dewin,
A mwy ni chlywyd, ni welwyd eilwaith,
Na'i lais na'i wedd drwy lys a neuaddau;
Ni wybu dyn mo'i anwybod yno;
Yno, ni wybu un ei anobaith;
A than y dail, yn y syrthni dulas,
O'r mud rigolau tremiai dirgelwch
Esmwyth, hudolus, a maith dawelwch.

Broséliàwnd, lle bu risial lendid
A bryd yr awen ddibryder, ieuanc!

ANATIOMAROS

Seilir y caniad hwn ar bethau oedd yn ddefod ymhlith yr hen Geltiaid ar y Cyfandir. Enw Brythonig yw Anatiomaros. Ni ddaeth i'r Gymraeg fel enw priod, ond daeth ei elfennau. Ei ystyr yw Eneidfawr. Y mae Gwernyfed yn enw lle yng Nghymru. Yr oedd hefyd yng ngwlad Gâl.

I

Ym mro Wernyfed, daeth pryd aeddfedu,
Ar ddôl, ar ffrith y trodd liwiau'r ffrwythau;
Ei wineu rwysg oedd yng ngrawn yr ysgaw,
Aeddfed chwarddai ar wyddfid a cherddin;
Troes ei ruddfelyn tros wyrdd afalau
Ag aeron haf perllennydd Gwernyfed.

Ynghyd y galwed holl Blant y Cedyrn,
A gwrid y wawr ar gymylgaer y dwyrain;
Y da a'r menni, o dir y mynydd,
Yn araf hwyliant i'r Hendref eilwaith,
A gado'r Hafod, gwedi hir ryfyg
Aneirif roddion yr haf a'i ryddid;
Sŵn cŵn yn cyfarth a bref y gwartheg
Yn toddi eisoes i'r hyntoedd isod,
A thonnau hoywon o chwerthin ieuanc
Yn neidio i'r entyrch, o nwyd yr antur;
A thân anniffodd y duwiau'n oddaith
A gariai dwylaw rhai gwyry, dihalog,
Y tân a arhoes ar hyd yr oesau
I gynnau fyth heb ddiffyg neu fethu.

Cyrraedd yr Hendref; yna, wrth ddefod
Y cenedlaethau, bu cynnadl weithion,
O dan y Dderwen hen a changhennog
A welsai eisoes liaws o oesau
O dir anwybod yn dirwyn heibio
I dir anwybod, drwy wae neu obaith.

Yno, er adrodd cyfraith yr Hydref,
A pheri'n ufudd goffáu'r hynafiaid,
Y daeth henuriaid a doethion eraill
A hwythau raddau y doeth Dderwyddon
Yn ôl eu braint, yn ei lwybyr yntau
Athro hen eu gwybodaeth a'u rhiniau,
Efô, rhag angen, fu orau'i gyngor,
A nawdd ei dylwyth yn nyddiau dolur,
Efô o'i gariad a fu gywiraf
O'u tu ym mherygl, Anatiomaros.

Canwaith a mwy, gwelsai ef hendrefa,
A hen aeafau ym Mro Wernyfed;
Llywethau ei ben megis llwyth y banadl
Unwaith a fu yng nghyfoeth ei fywyd,
Ac ef, er hyn, nis cofiai yr hynaf
Onid a'i wallt megis manod elltydd;
Efô, a wyddiad a fu, a fyddai,
A dawn nid oedd na gwybod nad eiddo;
O dramwy eraill i Dir y Meirwon,
O Fro Wernyfed, dros ferw aur Neifion,—
Yng nghanol ei long, ni alwai Angau
Anatiomaros ar hynt y meirwon!

A dawnsiodd y meibion a'r glân rianedd
Yn llwyn y derw yn llawen dyrrau;
Eu cnawd cyn wynned â'r ôd cyn nodi
Ei wynder iraidd gan oed yr oriau;
Ceinaf o lun, a'u gwallt cyn felynned—
Dalm Mai liwdeg,—â'r banadl ym mlodau;
A glas liw eigion yn eu glwys lygaid,
Neu lesni nef, liw nos ym Mehefin,
A sêr y nef wedi ysu'r nifwl
Sy'n troi a gweu am lesni tragywydd
Maes dilafar y didymestl ofod.

Newydd a hen y gyfannedd honno,
Mwyn dychwelyd a myned i'w chwilio,
Dymuniad gŵr ydyw mynd ag aros,
A hynny, hoen yw, bydd hen yn newydd,
A newydd yn hen, ni ddihoena hynny;
Lle buwyd unwaith, gall bywyd yno
Ado rhin ei ysblander ei hunan.

Glasfwg yr allor yn araf dyrchafai
Yn fain aerwyau i fyny i'r awyr
O'r tân a burai; tewyn o berwydd
A gariai dwylaw rhai gwyry, dihalog,
O annedd i annedd eto i ennyn
Yno eilwaith ar bob hen aelwyd
Anniflan dân y duwiau eu hunain;
A rhag ei loywed, a'i arogleuon,
Y gyrrai hwnt y drygau a'r heintiau.
Yntau am oriau, Anatiomaros,

A borthai dân yr aberth a dynnai
Lu ei dylwyth o afael dialedd.

Ag adain nos yn bargodi'n isel,
A darnau dydd ar y dŵr yn diweddu,
Efô'r hen Dderwydd ei hun yn unig
Gwyliai'r nefoedd am goel i Wernyfed,
Y goel a ddôi o'r gwagleoedd eang,
O wynfa'r haul a'r rhai anfarwolion.
Yno, naw dengwaith, noson y dynged,
Yn nhreigl ei oes yn hir y gwyliasai,
Ag eto unwaith, dros frig y tonnau,
Y gwyliai'r nef am goel i Wernyfed,
O awr i awr, a'i lygaid yn aros
Heb wyro un waith o wybren eithaf
Y maith orllewin, lle methai'r lliant;
Yno, tanodd i'r diflant hwnnw
Yr aethai yr haul dros wartha'r heli;
Rhyw iâs o wyn a arhosai yno,
A'r nos yn awr yn ei ysu'n araf;
Gwingodd, ymdonnodd, fel llygad unig,
Gloywodd, ag yna, treiglodd o'i ganol
Ryw gwlwm gwyn, megis briglam gwaneg;
A thrwy y nos, gan ei llathr wyniasu,
Union drywanodd y gwynder hwnnw
Hyd onis gwelid, yn osgo alarch,
Fry ar ei nawf uwch gwenfro Wernyfed,
Yn gannaid alarch, y gennad olaf.
Ac wrth yr allor pan ddaeth y bore,
Hun oedd oer oedd hun yr hen Dderwydd.

II

Hwyr oedd a'r haul oedd yn rhuddo'r heli
Wrth agor lliwiog byrth y gorllewin,
A dur nen dawel dwyrain yn duo,
Dwysáu y tir yr oedd y distawrwydd,
A pharai osteg ar su'r fforestydd;
A llif yr afon yn llwfrhau hefyd
O flaen y llanw, a ddôi fel yn llinyn
O wreichion gemog am grychni gwymon,
Neu asen grom ar ei thraws yn gwrymio;
A heidiau'r gwylain yn gweu drwy'i gilydd
Uwchben yr afon, a'u chwiban rhyfedd
Megis rhyw alwad, galwad dirgelwch,
Galwad o'r môr am Gluder y Meirwon.

A'r haul megis pelen rudd yn suddo,
Un dres oedd euraid drosodd a yrrodd,
Fel heol dân dros fil o welw donnau,
Onid ergydiodd ei blaen hyd i'r goedwig,
Fel rhaeadr ufel ar hyd yr afon;
A thraw i ganol ei lathr ogoniant,
O ddirgelwch y coedydd i'r golwg
Y daeth rhyw fad, a dieithraf ydoedd;
Ei gafn oedd aruthr, o gyfan dderwen
Ar ddelw ederyn urddol a dorrwyd—
Y gannaid alarch, y gennad olaf;
A'i nawf yr un hoen â'r edn frenhinol,
Ymlaen yr âi ym melynaur ewyn
Y rhaeadr ufel ar hyd yr afon.

Hyd lan y môr o'r coed lwyni mawrion,
Daeth meibion cedyrn a glân rianedd;
Cerddent yno yn drist a distaw
Heb air dros wefus, heb rodres ofer;
Oni wybuant, ag ef mewn bywyd,
Na fynnai wylo rhag ofn neu alar?
Efô, rhag angen, fu orau'i gyngor,
Nad ofnai ingoedd na dyfyn Angau;
Y mawr ei enaid, y mwya'i rinwedd,
Draw y nofiai o dir ei hynafiaid,
A thân yn ei gylch a thonnau'n golchi,
I wynfa'r haul at yr anfarwolion.

Araf fudiad y bad a beidiai,
Yn safn y llanw y safai'n llonydd;
Yna'n y troad, a'r tonnau'n treio,
Cynt yr âi gan ysgeintio'r ewyn;
Ebrwydd o'i ganol, tarddai i'r golwg
Ryw egin tân; a'r eigion a'i tynnai,
Yn oddaith goch, nes gloywi o'r trochion
Fel ewyn tân ar flaenau y tonnau.
A llef a goded gan Blant y Cedyrn—
"Ar hynt y meirw, Anatiomaros!"

Suddodd yr haul; glasdduodd yr heli;
Yna'n waed ar y tonnau newidiodd
Yr hynt o aur. A'r bad yn ymado,
Ar lwybr yr haul heb wyro yr hwyliai,
A'i ferw eirias fel pedfai farworyn
O fron yr haul ar y dwfr yn rholio.

Gwywai'r lliw ym mhorth y gorllewin,
Dorau gwiw ei ysblander a gaewyd;
Duodd y môr, ac nid oedd mwy arwydd
O'r haul ei hun ar yr heli anial,
Onid bod draw ar eithaf yr awyr
Un eiliw tyner. Ar ganol y tonnau,
Un llygedyn o'r dwfn wyll a godai
O dro i dro ar drum y gwanegau.
A duai'r nos. Ar y dŵr yn isel,
E lamai y fflam, a phylai ymaith,
A chlywid olaf cri yn dyrchafu
Fry i'r nefoedd uwch gwenfro Wernyfed—
"Anatiomaros, aeth at y meirwon!"

MADOG

I

Wylai cyfeiliorn awelig yn llesg yn yr hesg a'r llwyni,
  Nos, dros y bryniau dynesai, dydd, ymbellhâi dros y don;
Mwyn ydoedd glannau Menai, a'r aur ar Eryri yn pylu,
  Su drwy goedydd Caer Seon, Môn yn freuddwydiol a mud.
Draw ar y traeth yr ymdroai Madog, a'r mudan dawelwch
  Dwys ar ei enaid yn pwyso fel y myfyriai efô;
Madog fab Owain Gwynedd, arf ysol ar feysydd ei genedl,
  Ef, fu arwr ar foroedd, dewr ben llyngesydd ei dad,
Owain (o rym a dyhewyd, aml oedd ei ymladdau llidiog
  Hunai ym Mangor heno, mewn hedd wedi'r ymwan hir!)
Madog, a garai symudiad agwrdd wanegau diorffwys,
  Eigion yn ysgyrnygu gwawd wrth ymryson â'r gwynt;
Heno, mor drist oedd ei enaid â'r môr ar y marian pan wylo
  Ddagrau ei anniddigrwydd a'i wae, wedi'r dymestl wyllt;
Glas y môr yn ei lygaid, a'i deryll ddyfnderau'n eu canol,
  Hiraeth yr eigion aflonydd fyth yn ei lais efô,—
Dyn nad oedd un a'i cadwynai, rhydd megis rhyddid yr awel,
  Cymrawd y don bererin, mab anfeidroldeb y môr!
Meddai: "Cymwys im addef oferedd myfyrion ieuenctid,
  Dyn ni chaiff na daioni na hedd ar y ddaear hon;
Mwyn fyddai glywed y Mynach, a welodd hyd waelod bywyd,

Eto ar hyn yn taranu barn, er balchterau y byd!
Mabon, hen athro fy mebyd, ble'r wyt? Ble'r af i'th ymofyn?
Taenwn fy ngofid heno o dan dy oleuni di!
Gwae i mi wrthod dy gywir rybuddion, er boddio balchter,
Gwrthod dy wisg a'm gwerthu fy hun am siomedig foeth;
Dewis fy llam a'm tramwy a fynnwn—wyf heno edifar—
Mabon! hen athro fy mebyd, tost na ddychwelit ti!"

Draw, yn y gwyll, a geid rhywun? Ai rhith oedd yn rhythu yno?
Mud yr edrychai Madog draw i gysgodau yr hwyr.
Yna, daeth llais o'r anwel, rhyw lais na pharlysai'r blynyddoedd,
Llais a fu gynt mewn llysoedd, ai llais o'r ddaeargell oedd?
"Madog!" drwy'r gwyndarth mudan dôi'r alwad o rywle anhysbys,
"Madog!" mor orthrwm wedyn oedd ias y distawrwydd oer!
Yno, ymgroesi'r oedd mynach, a'i drem drwy wyll yn disgleirio,
Megis nad oedd a'i mygai o niwl na thywyllni'r nos;
Llaw a ddyrchafodd i'r awyr, yntau, fel plentyn cyfeiliorn,
Nesu a phlygu'n isel a wnaeth ar lin yn ei ŵydd.
Arwydd y Grog a dorrodd y Mynach, am ennyd bu ddistaw,
A Madog, fel mab, adnabu bwys y llaw ar ei ben.

"Dad!" meddai ef, "dydi ydyw fy nhad, er fy nhost wrthymod,
  Maddau grwydro fy meddwl, a ffyrdd fy oferedd ffôl!"
"Duw," meddai yntau yn dawel, "a'th ddug o'th wegi a'th rysedd,
  Naf ro iti dangnefedd, a gras a goleuni'r Grog;
Dywed i mi dy awydd, a dywed dy wae a'th drueni,
  Megis gynt pan ddirmygit barch ac anrhydedd y byd;
Madog! y mab mau ydwyt, nawdd Iôn a eiddunais i'th arbed,
  Fyth ar dy ffordd na fethit, twf fy ngweddïau wyt ti;
Cerais di'n fwy nag y carwn fy einioes fy hunan, Madog,
  Gwaedodd fy nghalon gwedi braw dy ymadaw â mi;
Crwydrais y byd, ac er edryd o Naf ei dangnefedd imi,
  Gweddi, bylgain a gosber, a rown er dy adfer di;
Duw o'i nef a'm gwrandawodd—blin oedd y blynyddoedd aeth rhyngom—
  Taniwyd fy enaid heno gan y llawenydd fu gynt."

"Dad," meddai yntau, "diodid na haeddwn heddiw dy gariad,
  Gwedais rym dy ddysgeidiaeth, a brad fu i'm llwybrau i;
Trinais y cledd trwy wyniau, trwy euog ystrywiau y ffynnais,
  Braen a fu raib yr enwir, a gwae fu wybod y gwir;
Cerais fy ngwlad, ond cariad oedd hwnnw at ddinistr a gorfod,
  Llid at rai eraill ydoedd, haint fy nghynddaredd fy hun!"

"Antur," eb Madog yntau, "gael un a fo glanach na hynny,
  Drwg ddiobaith yw'r galon, ond Iôr a ŵyr feddwl dyn."

"Dywed, O, dad," medd Madog, "O, dad, a oes Duw yn y
 nefoedd?
  Onid aeth byd i'r annuw, O, dad, oni threngodd
  Duw?"

"Duw," medd y llall, "ni adawodd ei nef, na'i ofal
 amdanom,
  Duw a luniodd ein daear, Duw o'i thrueni a'i dwg;
Byr yw ein dyddiau, fel barrug y ciliant rhag heulwen bore,
  Mil o flynyddoedd fel undydd sydd yn ei hanes Ef;
Diau, pe gwelem y diwedd, dychryn y dechrau a giliai,
  Dafn, er dyfned ei ofnau, yw dyn yn ei funud awr.

Gwelais y byd a'i gywilydd, gwelais y golau tragywydd,
  Hir y chwiliais oferedd y gau, cyn gweled y gwir;
Gwelais Gaer Salem, a golau yr haul ar heolydd honno,
  Trais er gogoniant yr Iesu, grym er cynnal y Grog!
Barnwn wrth eiriau San Bernard, gynt, am y gau athrawon,
  Duliodd Abelard eilwaith fur fy sigledig farn,—
Gŵr oedd hwnnw â geiriau ei enau fel anadl y gwanwyn,
  Diau, yr had a heuodd, fyth ni ddiwreiddir efô—
O gam i gam, fel bo gymwys, daw'r gwir drwy gaerau
 tywyllwch,
  Dring, er i'w ffurfiau drengi, o'i lwch—tragywyddol yw;
Deall, er maint ei flodeuo a'i dwf, bydd Duw yn ehangach,
  Tân, er a losger, a erys, mwy na'r defnyn yw'r môr;
Diwedd a ddaeth i'r duwiau, a diwedd i'r duwiau ddaw
 eto,
  Duw, er hynny, un diwedd, byth yn ei hanes ni bydd."

Madog, yntau, crwm ydoedd, a'i enaid enynnai wrth wrando
  Doethrin a chred ei athro—newydd a hen oedd ei hiaith;
Meddai: "A ddarfu am addef y gred ar y Grog, a ddysgit
  Imi, gynt cyn bod amau dy air yn fy ysbryd i?"

Mwyn oedd lleferydd y Mynach, mwyn fel dymuniad y galon,
  Meddai: "Ni ddarfu am addef y Grog na'r Arglwydd Grist;
Gwelais y lle bu ei galon un dydd yn dioddef erom,
  Gwelais y bedd lle gorweddodd—bod, er y bedd, y mae byth;
Tyfed y byd fel y tyfo, boed ef na bo dim nas gwypo,
  Dyn ni chyfodir a dynno ddim o'i wirionedd Ef."

"Heno," medd Madog, "dihunaist ynof yr enaid a fynnai
  Ddelwi yn fy meddyliau ryw ddysg a waharddai ofn;
Dyred, fy athro, hyd oror mwyn Aber Menai ewynfrig,
  Yngo'n rhwym wrth ei hangor ein gwawdd y mae Gwennan Gorn,
Gwennan a'i hwyliau gwynwawr, fronheini frenhines y tonnau,
  Moddus forwyn y meddwl, merch ddigaethiwed y môr;
Crud fy nychmygion a'm credau, weinyddes anniddig hiraeth,
  Annedd ddilestair yr enaid, dôr pob rhyddid yw hi!"

II

Bwriodd huan y bore ei leufer fel afon ysblennydd,
  Chwyddodd ei lif dros lechweddau'r Eifl ag Eryri hir;
Treiddiodd ei liant rhuddaur i ddyfnaf ddu hafnau'r mynyddoedd,
  Ton oedd yn gwrido tano, a chraig megis manlwch rhos;
Llef ni chynhyrfai dangnefedd yr awr, ond ar ael y weilgi,
  Haul a ddangosai hwyliau fel yn anelu am Fôn.
"Arglwydd," eb gwyliwr, "erglyw"—a Madog ym myd ei feddyliau,—
  "Llynges draw sy'n dynesu, i dir tua Llanddwyn daw."
"Coder," medd yntau, "'r angorau a hwylier i wylio'u dyfod,"
  Yna, datseiniodd Menai gan dyrfau a gwaeddau gwyllt.
Rhwygai'r ffluregau yr eigion, a'r haul ar yr hwyliau'n chwerthin,
  Llaes oedd atsain y lleisiau, a gwanc oedd yn llygaid gwŷr;
Rhyfyg y maith ganrifoedd yn deffro mewn dwyffroen a gwefus,
  Tân trwy wythiennau'n tonni, a gwŷn hyd yng ngwraidd y gwallt;
Un ni wyddai ohonynt ei ran cyn yr hwyr, ac ni faliai
  Mwy na'r bwystfil pan glywo her ei ysglyfaeth ei hun.

Gyda bod Madog a'i longau ar gyrraedd y môr agored,
  Duodd ffurfafen y deau, chwyrn gyfododd y chwa;
Gwelwodd ysblander y golau, oerodd hawddgarwch y bryniau,

Glasodd y môr, a gloesai'r gwaneifiau gan ofwy'r gwynt;
Hwythau'r dyfodiaid weithion y troesant i'r aswy yn ebrwydd,
Gwib am bentir Caer Gybi a wnaeth eu blaenorion hwy.
Yna, bu ymlid ac annog, a Madog ym myd ei afiaith,
Gwanc ei wŷr oedd y goncwest, mwy iddo ef oedd y môr;—
Helynt y gwynt a'r hwyliau, a chrygni croch rwgnach y rhaffau,
Traflwnc hirsafn y cafnau, a'r llam ar grymeddau'r lli;
Dreng ymgyfwrdd a dringo, ymwingo ym mwng y gwanegau,
Dwyfol ymryson dyfais y dyn a'r elfennau dall.
Draw â chyflymder yr awel y gwanai Gwennan y dyfroedd,
Llithrai â'i hwyliau llathraid yn gwatwar gwatwar y gwynt;
Gwrando peroriaeth gerwinder ei hynt yr oedd yntau, Fadog,
Angof fu ganddo'r llongau ar dro am y pentir draw;
Buan 'roedd Gwennan a'i bwa yn troi am y trwyn a'u cuddiai,
Mur fu'r graig rhag y morwynt, mwy nid terfysglyd y môr;
Chwyrn am y traeth yr ymsaethodd Gwennan i ganol y llongau,
Rhwygwyd yr awyr ogylch â gwawch a diasbad gwŷr.

Hywel fab Owain oedd yno, a'i Wyddyl yn eiddig lanio,
Dinistr y gad yn eu denu, a llid yn eu cymell hwy,—
Canys, ag yntau'n cynnull ei hawl ei hun yn Iwerddon,
Dafydd ei frawd i'w afael a ddug ei diroedd a'i dda;

Hywel, pan glybu, cynheuwyd ei lid, a'i lu a gynullodd,
  Rhwygodd ei longau'r eigion gan awch ei gynddeiriog nwyd,
Felly, Hywel, pan welodd ef Fadog, cyfododd a'i gyfarch;
"Madog! tydi a'm oedodd, a throi fy mordaith ar ŵyr?
Diau, tydi ni fordwyit eigion ar neges y bradwr,—
  Na Chamlan mileiniach ymladd gŵr gan ei swyddog ei hun!"

"Hywel," medd yntau, "ni welais luman—gyflymed yr hwylit!—
  Maddau, gwyddost mai eiddig fyfi pan gynhyrfo fôr;
Gresaw a geffych, a grasus a fo dy farn ar dy ddeiliaid,
  Teg a fyddo dy neges, a doeth fo dy gyngor di!"
Yntau, Hywel, yn tewi, a'i wedd yn anniddig gan gyffro,
  Meddai: "I ti y mae addas gair na bo groes na gwyllt;
Ond ef, y bradychwr, Dafydd, yn draws a dreisiodd fy nghyfoeth,
  Wele, bydd teg fy neges, a rhaid fydd fy nghyngor i!"
"Cof am ein tad," medd Madog, "a'i gyngor, ag angau'n ei orfod,
  Brodyr, er pob bâr ydym—tost na baem hefyd gytûn!
Difai, yn hyn, ni bu Dafydd, eto, ymatal beth erddo—
  Antur na phwyllai yntau er Duw rhag dy gyngor doeth."
"Ai brawd," medd Hywel, "y bradwr traws a'r a'm treisiodd i'm gwrthgefn?
  Brawd! pe rhoit imi Brydain, mi nid arddelwn ef mwy!"

Creg ddiasbad o'r creigiau a dorrodd yn daer ar eu clustiau;
  Darfu am rin doethineb,—dall, hurt, a byddar yw dig,—

Dig, er y maint fyddo degwch yr achos, pan drecho gyngor,
  Union rhag traws ni bydd yno, neb, na dim, namyn nwyd.
Diriaid, draw i'r ymdaro, oedd ddylif y ddeulu gynddeiriog,
  Trydar môr adar, rhedai ym mylchau eu criau croch;
Brithwyd yr awyr â brathog saethau rhes eithaf y Gwyddyl,
  Un fu lam y tariannau, fel mur am flaenaflu Môn;
Yna, bu ruthrau ac annog, cilio, ac eilwaith ymgyrchu,
  Acw, ymwasgar, cymysgu, gweu fel dail yn y gwynt.
Mud oedd Mabon a Madog, yn gwylio â gwelwon wynebau,
  Rawd y gyflafan a redai fel ing rhyw ddifaol haint;
"Mabon," medd Madog, "ymwybod nid oes yn y dorf sydd acw,"
  "Haint," meddai Mabon yntau, "tra bo, a ddistrywia bwyll."

Dolef ddisyfyd o alar a fu ar faes y gyflafan,
  Yna, gwaedd o lawenydd, draw lle'r oedd ddycnaf y drin,
Gwaedd uwch gwaedd, yna'r Gwyddyl i'r môr o'r marian yn cilio,
  Cilio rhag ymlid caled, a'r maes gan ryfelwyr Môn.
Hywel â saeth y gelyn a'i blaen yn ymblannu'n ei galon,
  Gloes yn ei lygaid gleision, a chlo ar ei dafod ef,
Hywel, y bardd, y bu harddwch y wawr a'r eira'n ei swyno,
  Gynt, i ganu, ag yntau yn boeth gan lawenydd byw;
Diffaith mawrfaith a morfa a garai, a gwyros a meillion,
  Haul ar loywder yr heli, a dolef yr anwar don!
Distain Hywel o weled y Mynach, dymunodd ei gyrchu,
  Yntau, â geiriau trugaredd, aeth i'w gysuro ef;

Truan y troai Hywel ei olwg wrth alwad y Mynach,
  Ofer y gwingodd ei wefus—mud ydoedd honno, mwy;
Cododd y meddwl caeedig i'w legach lygad yn ddeigryn,
  Arhosodd fel gem o risial tawdd wrth yr amrant hir,
Yna, disgynnodd hyd wyneb Hywel, a chaeodd yr
    amrant,—
  Ias, ag uchenaid isel, a dim lle bu'r nwydau oll!

III

Nos ar y byd a deyrnasai, distaw ei dwyster ar Fenai,
  Marw'r oedd dadwrdd y morwyr, hun yn eu treisio hwy;
Madog a Mabon hwythau yn eistedd yn astud eu golwg,
  Gair fel yn ofni egori dôr eu meddyliau dwys.
"Madog, fy mab," medd Mabon, o'r diwedd, mor dawel a
    thyner,
  "Addef im eto dy feddwl—baich ydyw distaw boen!"
"Addas, fy nhad," medd Madog, "im addef y meddwl a'm
    poenai;
  Truan fod taw ar Hywel, a brwnt yw dialedd brawd!"
"Ebyrth," medd yntau Fabon, "yw dynion i dân eu
    hanwydau,
  Cam am gam ni bydd cymwys, a thwyll am dwyll ni
    bydd da."
"Mabon, hen athro fy mebyd, fy nhad, fu'n hudo fy meddwl
  Unwaith," medd ef, "a'i ennyn â haul dy feddwl dy hun,
Waeled yw byw yn hualau ynfydion ddefodau meirwon,
  Moli trachwant a malais, byw ar elyniaeth a bâr;
Ystryw rhwng Cymro ac estron, a brad rhwng brodyr a'i
    gilydd,
  Celwydd yn nyfnder calon, a'i dwyll ar y wefus deg;

Lladd heb ymatal na lluddio, a mawl am wanc a gormesu,
  Dial ar feddwl a deall, clod am orchest y cledd;
Beirdd yn frwysg wrth y byrddau yn moli pob milain
    weithredoedd,
  Gwin yn cynhyrfu gweniaith, a gweniaith yn prynu
    gwin;
Dewisaf clod i dywysog o ddyn oedd ei enwi'n llofrudd,
  Gorau oedd dreisiwr gwerin, a glew a'r a ddygai wlad;
Mabon, hen athro fy mebyd, hynny im unwaith a draethit,
  Mynnwn nad gwir mohono, gwn erbyn heno mai gwir;
Onid, och! onid oes yno well tir ym mhellterau'r moroedd,
  Mabon! na roddit im obaith, fel yn y dyddiau a fu!"

Mwyn oedd golygon y Mynach, a'i lais oedd felysed, yntau,
  Araf ydoedd ei eiriau, a hud yn eu canlyn hwy,
Pêr a dilestair leferydd yr enaid ar hiniog rhyddid,—
  "Oes," medd ef, "mae ynysoedd mwyn yn eithafoedd y
    môr!
Gwyddost am chwedlau'r Gwyddyl, hanesion ynysau'r
    gorllewin,
  Bröydd y Byw a'r Ieuainc, byd heb na gofid na bedd;
Brân, ar ei lwybrau, unwaith, a welodd anwylaf unbennes,
  Iddo yn arwydd a roddes gangen afallen ferth,
Euraid i gyd oedd ei haeron, a'i dail megis diliau arian:
  Hithau y rhiain a draethodd fawl rhyw odidog fyd,—
Cân a grynhôi bob cynneddf yn eirias un hiraeth anesgor,—
  'Ynys,' medd hi, 'sydd ynghanol môr y gorllewin maith;
Prydferth wanegau'n chwerthin ar dawel aur dywod ei
    glannau,
  Haul drwy'r ewyn yn eilio rhwyd fel o saffir a rhos;

Gwâr ar ddyffryn Gwynarian, di-fâr yw difyrrwch y cedyrn,
 Ir trwy yr oesau yr erys y fro, dan ei blodau'n frith;
Yno, tragywydd trig ieuanc, galar nag wylo ni ddyfydd,
 Fyth, i'r ynys gyfoethog, briw ni bydd yno na brad.'

"Yno aeth Brân i lawenydd y tir, ac yno y tariodd,
 Hynt gymerth Osian yntau, un hwyr tua Thir na n-Og;
Hwythau'r Cymry, hiraethodd eu henaid am hanes y pellter,
 Cri am Werddonau Llion ac Ynys Afallon fu;
Gafran fab Aeddan, bu eiddig ei gyrch, ag ef ni ddychwelodd,
 Myrddin a aeth i'r mawrddwr, a Myrddin ni welwyd mwy!
"Dyna freuddwydion adeiniog dyn am y doniau nas gwypo,
 Breuddwyd nid oes heb arwyddion gwir yn ei wegi ef;
Chwim yw adanedd dychymyg, a chraff yw ei chryf olygon,
 Hi ydyw awen y deall, rhwyd yr ehangder yw hi!

"Diau yw gennyf fod daear yn eigion anhygyrch foroedd,
 Heddiw, yn Llychlyn, adroddir am dir dros drumau y don,
Helynt y gwŷr a fu'n hwylio y llif i'w bellafoedd eithaf,
 Crugau gwydrog rhewogydd ar nawf yng ngheseiliau'r niwl."

Tân oedd yn llygad Madog, a thân drwy'i wythiennau yn rhedeg,
 Galwad y môr i'w galon, y don yn ei hudo ef;
Hiraeth difesur bellterau, hudoliaeth diwaelod ddyfnder,
 Suad esmwythlais awel, a gwanc y tymhestlog wynt.

"Mabon!" medd ef, "er fy mebyd, mawr gerais y môr agored,
  Grym ei wanegau a rhamant ddofn ei gyfaredd ef;
Boddus yn unman ni byddwn erioed ond ar ael yr eigion,
  Suon y don a'm denai, byth, pa le bynnag y bawn;
Y môr oedd hud fy mreuddwydion y nos, pan asiai'r prydyddion
  Grugau eu geiriau gorweigion, mawl am winoedd a medd.
Wanned oedd ynfyd weniaith y rhain, a thruaned eu chwedlau,
  Gwell y taeog a allai sôn am farchogion a chŵn!
Dithau ar hynny, daethost, fy athro, i feithrin fy meddwl,
  Sonnit am einioes annwyl y gŵr a'n prynodd i gyd;
Cerais Ef gynt, ac fe'i caraf, caraf tra curo fy nghalon,
  Tyner ostegwr y tonnau, mab Arglwyddes y Môr."

"Madog, fy mab," meddai Mabon, "Duw a wrandawodd fy ngweddi,
  Cariad yr Arglwydd a'n carodd, daeth ar dy galon di;
Ef a rydd iti dangnefedd beunydd, lle bynnag yr elych,
  Fel na'th boeno gofalon trawster na balchter y byd!"

"Dywed," medd yntau'n dawel, "ai mynach y mynnit fi eto?
  Nychlyd fyddai'r fynachlog i fab yr aflonydd fôr!
Oni rydd Iôr y moroedd ei nawdd im anniddig naturiaeth,
  Dad, o'i rad, fel yr ydwyf, i'w fodd, oni chymer fi?"

Mwyn ydoedd golwg y Mynach, mwyn, er mai anodd anghofio

Mawr beryglon y moroedd, dig anhrugarog y don;
Meddai: "Rhydd Iôr y moroedd ei heddwch a'i nodded
   i'th enaid,
Madog, fy mab a'm hyder, Duw Iôr a'th fendithio di!"

Tawodd, a'r don ar y tywod, a'r awel yn crio'u hiraeth,—
Iôr! ai anesgor hiraeth hyd byth ydyw enaid bod?

IV

Gwenai haul euraid y gwanwyn ar dir ac ar don yn
   esmwyth,
  Unig oedd glannau Menai, llong nid oedd mwy ar ei lli;
Yngo, fel cynt wrth ei angor, neu'n hwylio, ni welid Madog,
  Tawel oedd traeth y Belan, a mud ydoedd glannau Môn.
Parod i gyfarch cyfodiad y dydd ydoedd deg o longau,
  Trichant o wŷr am yr antur faith a wynebai fôr,
Madog, a fflam ei hyder a'i awydd yn gloywi ei lygaid,
  Mabon mor fwyn ei wyneb, Dduw! onid tawel oedd ef!

Gwyrai yr haul tua'r gorwel, a'i li, ar len y gorllewin,
  Eiliodd, o darth a chymylau, lun rhyw ddigymar wlad;
Glynnoedd a'u lloriau'n disgleinio fel aur trwy bileri
  grisial,
  Ceyrydd a thyrau cwrel, neu dân, ar glogwyni dur;
Afon lydanfron o ufel dihalog, a dulas goedydd,
  Porffor ynysau'n gorwedd ar li megis saffir len;
Ewyn o dân yn ymdonni ar odre rhyw wydrog greigiau,
  Tawel fân draethau annelwig draw fel dan gawod ros;

Newid yn dibaid gyniwair hyd wedd y diddim bryd-
     ferthwch,
  Megis pedfai'n ymagor ddrych newydd fydoedd yr Iôr!
Pylodd ysblander y pelydr, araf ymdorrodd y lledrith,
  Taenodd rhyw wyrddliw tyner, drwy nef tua'r dwyrain
     aeth;
Gwrym ar y gorwel a welid, rhimyn ar ymyl y tonnau,
  Rhith ydoedd Cymru weithian, rhyw darth rhwng
     awyr a dŵr;
Megis mewn ing yr ymwingodd hwnnw, a'i ganol yn duo,
  Yna, llwyr yr edwinodd, mwy, ym mhellteroedd y
     môr;
Trechwyd y dydd hyd entrychion y nefoedd gan ofwy'r
     ddunos,
  Chwalwyd ei gad a chiliodd hon dros ymylon y môr,
Yntau, wrth ddianc, ysgeintiodd wreichion ar uchaf ei
     thresi,
  Luoedd, oni oleuwyd â thân ei llywethau hi!

Diwyd a hir fu'r mordwyo hyd eigion nas digiai awel,
  Haul yr haf ar yr heli, a lloer yr haf ar y lli;
Hwyl ar y gorwel ni welid, na thir na tharth ond annelwig
  Firagl yr haul ar foroedd draw wrth ymachlud yr hwyr;
Hir fel anadliad oedd araf ymod gwyrdd owmal y tonnau,
  Megis plisgyn yn mygu maith ymystwyrian y môr.
Darfu cynefin dyrfau y morwyr, a'u miri calonnog,
  Cynnar na hwyr nid oedd canu i'w mysg, na chwerthin,
     mwy;
Taerach uchenaid hiraeth nag araith y geiriau huotlaf,
  Llawer calon a grynai pan gofiai Fenai neu Fôn!

Madog, yng ngrym ei hyder, ei obaith ni wybu ddiffygio,
Mabon mor fwyn ei wyneb, Dduw! onid tawel oedd ef!

Un dydd, ar y meithion donnau, a hi yn brynhawn, disgynnodd
Distaw ddisyfyd osteg, cwsg fel am bopeth yn cau;
Awel a huan dan lewyg, a'r heli a'r hwyliau'n llonydd,
Mudan a diymadferth oedd maith unigrwydd y môr;
Golwg pob dyn ar ei gilydd, holai ba helynt oedd agos—
Eigion, pan ddatlewygo, dyn ni ŵyr ddyfned ei wae!
Yna, o'r awyr y rhuodd rhyw drwmp hir draw'n y pellteroedd,
Taenodd ias dros y tonnau a gwyllt fu brysurdeb gwŷr;
Eiliad na threfnwyd yr hwyliau, a byr cyn berwi o'r dyfroedd,
Yna, tarawodd y trowynt nef ag eigion yn un.
Llanwyd y nef â dolefau tafod cyntefig y tryblith,
Ochain ag wylo a chwerthin croch yn nhraflwnc y rhu;
Hwythau y llongau, oedd weithian fel us o flaen ei gynddaredd,
Trochent yn niflant y rhychau a chrib y mynyddluwch rhwth,
Mawr yr ymladdai'r morwyr yn nhwrf y cynhyrfus elfennau,
Dreng gyfarfod â'r angau, cad heb na gobaith nac ofn;
Drylliwyd y môr yn droëllau, treiglwyd trwy wagle'r ffurfafen,
Rhwyg fel pe llyncai rhyw eigion gwag holl angerdd y gwynt.
Yna'n ôl araf wahanu o'r ewyn a'r awyr eilwaith,
Gwennan ei hun yn unig oedd mwy ar ddyfroedd y môr;

Breuon fel brwyn fu hwylbrennau y llong rhag llam y rhyferthwy,
   Llyw a aeth, a chanllawiau, a'i hais, datgymalwyd hwy.
Distaw rhwng asiad ei hestyll iddi'r ymdreiddiai y dyfroedd,
   Ennyd a'r angau'n dringo o fodfedd i fodfedd fu;
Gair ni lefarwyd ond gwyrodd Madog, a mud y penlinodd,
   Ufudd y plygodd hefyd ei lu yn ei ymyl ef;
Yna, cyfododd y Mynach ei law a'i lef tua'r nefoedd,
   Arwydd y Grog a dorrodd, a'i lais a dawelai ofn;
Rhonciodd y llong, a rhyw wancus egni'n ei sugno a'i llyncu,
   Trystiodd y tonnau trosti, bwlch ni ddangosai lle bu.

ARGOED

I

Argoed, Argoed y mannau dirgel . . .
Ble'r oedd dy fryniau, dy hafnau dyfnion,
Dy drofâu tywyll, dy drefi tawel?

Tawel dy fyd nes dyfod dy dynged
Hyd na welid o'i hôl ond anialwch
Du o ludw lle bu Argoed lydan.

Argoed lydan . . . Er dy ddiflannu,
Ai sibrwd mwyn dy ysbryd, am ennyd,
O ddyfnder angof a ddaw pan wrandawer . . .

Pan fud wrandawer di-air leferydd
Y don o hiraeth yn d'enw a erys,
Argoed, Argoed y mannau dirgel?

II

Yn neutu Gâl a'i gogoniant a'i golud
Enwog oedd ddirgel unigeddau Argoed;
Yno, gynt, y ceid awen ac antur,
A gwir y doethion mewn geiriau dethol;
Ffyddlon ydoedd ei chalon; ni chiliai
O gof fyth yno gyfoeth ei hanes,
A pheraidd yno a phur oedd heniaith
A hen arferion ei chynnar fore.

Yno y byddai dawel ddirgelwch
Dan gwsg oediog ei duon gysgodau;
Ei derw a'i masarn a mud rym oesoedd,
Gwawl a gwres haul a glaw grisialaidd,
Rhamant y rhod a miragl tymhorau,
Yn gweithio'n ir yn eu gwythi aneirif,
A'u hanes hen fel yn nawsio ohonynt
Yn arogleuon, yn grugau o liwiau,
Yn suon mân, nes eu huno a'u myned
Megis yn ysbryd bywyd pob awen;
Yn nwyf a rydd ei frithgof i freuddwyd,
A'i ddelw i'r hyn a feddylio'r awenydd,
O'i aros yn hir ym merw y synhwyrau.

O dir Gâl pan giliai y gaeaf,
Ac yno'n ôl ddyfod gwanwyn eilwaith,
Yn nistaw ddirgel fforestydd Argoed
Bywhâi hen wyrth ddiwrthwyneb ei nerthoedd;
Yno, dan guriad ei adain, agorai
Yn araf lygaid aneirif flagur
Drwy y bau, ac ymdorrai bywyd
Yn llanw o liwiau a lluniau lawer,
Onid âi ei nwyf drwy waed anifail,
A'i dreiglo'n dân drwy galonnau dynion;
Rhyw newydd ynni o rinwedd anian
A'i nerth yn prifio, er syrthni profiad,
Edwa, heneiddia, ond adnewyddir,—
Y fflam anniffodd honno a rodded
I orfod ar ing a chryfder angau.

A theg oedd Argoed pryd, dros y coedydd,
Y lledai'r Hydref holl hud ei rodres,
Ei liwiau dirif, a'i gysglyd oriau,
Oriau ei ddigynnwrf ddigonedd,
Ddiofid oriau, fel aeddfed aeron
Ar geinciau amser, a'i ysblanderau
A'i gwsg a'i hedd wedi'u gwasgu iddynt,
Fel y dyry'r haf ei loywder a'i ryfyg
A'i rin yn nodd aeron y winwydden.

Yno ynghanol ei derw canghennog
A'i llwyni gwyros, 'roedd llain agored,
A gwe lathr o wawn a gwlith ar honno,
Bid ha' neu wanwyn, bid aea'n unwedd;
A than y wawr, byddai'r gwlith aneirif
Oll i gyd fel pe baent yn llygadau,
Yn cynneu ennyd, yna cau'n union
O flaen yr haul a'i felynaur olau,
Fel ewyn môr wrth ymdaflu yn marw,
Neu wreichion gefail wrth ddyrchu'n gwyfo;
A'r dre ar y llain ar odre'r llwyni,
Lle er cyn cof yr oedd Plant Arofan
Yn bwrw eu byd yno'n bur heb ado
Y bywyd dedwydd a wybu eu tadau—
Hela, bugeilio, fel y bai galwad,
Dioddef a byw yn ôl deddfau bywyd,
Heb ofni methiant, heb ofyn moethau,
Heb fynnu trais a heb ofni treisiwr;
Magu o do i do yn dawel
Feibion nerth a merched prydferthwch;

Adrodd hanesion dewredd hen oesau,
Bod yn astud a gwybod iawn ystyr
Geiriau y doethion a'r gwŷr da hwythau,
A dirgel feddwl eu mydr gelfyddyd;
Gwrando ar addysg rin y Derwyddon,
Hwy, a adwaenai'r duwiau eu hunain,
O do i do a gadwai'n y deall
Y ddysg ryfeddod nad gwiw ei dodi
Ar faen na choed mewn ysgrifen i'w chadw.

O! ddiddaned y dyddiau oedd yno,
Yn nistaw ddirgel fforestydd Argoed!
Ni wyddai hi, yn ei hen ddyhewyd,
Dynnu Gâl o dan wadnau ei gelyn,
Edwino eisoes fri ei dinasoedd,
A dyfod ystryw a defod estron
I ddofi ei hynni, i ddifa heniaith
A hen arferion ei chynnar fore.

Argoed, Argoed y mannau dirgel . . .
Onid yno y ganed awenydd,
Hwnnw a ganodd ei hen ogoniant,
A drodd hanesion dewredd hen oesau,
Geiriau y doethion a'r gwŷr da hwythau,
A dirgel foddau eu mydr gelfyddyd,
Yn newydd gân a gynyddai ogoniant
Ei wlad a'i hanes, a chlod ei heniaith?

A balch oedd Argoed fyned ei phrydydd
I lysoedd Gâl a seddau ei golud,

Yno er adrodd cadarn wrhydri
A moesau arwyr yr hen amseroedd,
Hen ogoniant a rhamant ei genedl
A hwythau'r duwiau yn rhodio daear.

Argoed, Argoed y mannau dirgel,
Dirfawr o ddydd fyddai'r dydd y dychwelai
Hwnnw yn ei ôl gan ddwyn ei wala
O roddion a bri, oedd iawn wobrwyon
Y newydd gân a luniodd i'w genedl
Yn nistaw ddirgel fforestydd Argoed,
Argoed, Argoed y mannau dirgel.

III

Un nos, o lys yn ninas Alesia,—
Y gaer a arafodd rwysg aerwyr Rhufain,
Yn nydd ei grym, pan na wyddai grymu
A throi i goledd llyffethair y gelyn—
Un nos, o lys yn ninas Alesia,
O ddiddanwch y gwledda oedd yno,
O ddwl dwrf y ddifeddwl dyrfa
O ferched llednoeth a meibion moethus
Y ddinas enwog, a ddawnsiai yno
A nwyd y gwin yn eu cnawd a'u gwenau,
O ymwasg fwll eu masw gyfeillach
A herw drachwant aml daer edrychiad,
I'r oer wyll y daeth rhyw ŵr allan
I awyr y nos; at y mur y nesâi
Yn flin ei wedd ac fel un a wyddai
Ei waradwyddo'n lle'i anrhydeddu.

Am ennyd y safodd mewn dwys ofid,
Fel un a wynebo flin anobaith,
Canys yn ei galon y noswaith honno,
Yntau a wybu am byth fynd heibio
Hen ogoniant a rhamant ei genedl,—
Efô, a ganodd ei phrif ogoniant,
A drodd hanesion dewredd hen oesau,
Geiriau y doethion a'r gwŷr da hwythau,
A dirgel foddau eu mydr gelfyddyd,
Yn newydd gân a gynyddai ogoniant
Ei wlad a'i hanes a chlod ei heniaith—
Yn ofer aethai ei lafur weithion,
O dynnu Gâl dan wadnau ei gelyn,
A dyfod ystryw a defod estron
I ddofi ei hynni, i ddifa heniaith
A hen arferion ei chynnar fore;
Na'i ddull na'i iaith ni ddeallen' weithion,
Am ei ganiad ni chaffai amgenach
Na thaeog wên wrth ei chwith oganu
 di-raen lediaith o druan Ladin—
Yn ofer aethai ei lafur weithion!
Natur bod taeog yn daeog? Diau.
A wertho'i ran, eiddo'r gwarth . . . Er hynny . . .
A glywid yn Argoed freg Ladin ŵyrgam
Genau halog y taeog annheilwng?
A ddôi yno do na byddai'n deall
Geiriau y doethion a'r gwŷr da hwythau?
A ddôi yno ben ar ddawn a bonedd
A moesau glân, rhag gormes gelynion?
A bregliach bas yn lle iaith urddasol,
A budron anwiw lle bu dewrion unwaith?

Yna yn loywgoch enynnu o'i lygaid,
A berwi o'i waed pan glybu, o'r adail,
Sŵn chwerthin taeog. A'i ben ar ogwydd,
Arhosodd ennyd. Petrusodd. Yna,
Fel un a welo o flaen ei olwg
Ddiwedd byth ar ddydd ei obeithion,
Gan ryw igian a llyncu ei anadl,
Chwarddodd yntau, a cherddodd i'w antur,
A'i lwybr a guddiwyd gan wlyb oer gaddug.

IV

A ched o Argoed a archwyd, deirgwaith,
A hithau, deirgwaith, a wrthyd Argoed,
Canys Argoed erioed ni roddes anrhydedd
I rymus dieithr na gormes daeog;
Ffyddlon ydoedd ei chalon; ni chiliai
O gof fyth yno gyfoeth ei hanes;
A salwaf un oedd y sawl a fynnai
Dderbyn iau gelyn heb ias o gywilydd
A noeth waradwydd heb unwaith wrido.

"Cyn rhoi ced, cyneuer y coedydd,
 A threnged yr olaf o Blant Arofan
 Heb wawdio hanes, heb wadu heniaith
 Na hen arferion eu cynnar fore!"

Hyd eithaf Argoed yr aeth heb oedi
Y gair, a dilys pob gŵr o'i deiliaid;

A farnwyd, barnwyd heb un a'i croesai,
A barwyd, beiddiwyd, heb un a rusodd . . .
Ni chaed, er ystryw, na ched i'r estron,
Na da nac ysbail, na dyn i'w gosbi,
Yno ni welid ond un anialwch—
Rhyw wast o ludw lle bu fforest lydan.

V

Argoed, Argoed y mannau dirgel,
Ble'r oedd dy fryniau, dy hafnau dyfnion,
Dy drofâu tywyll, dy drefi tawel?

Tawel dy fyd nes dyfod dy dynged
Hyd na welid o'i hôl ond anialwch
Du o ludw lle bu Argoed lydan.

Argoed lydan . . . Er dy ddiflannu,
Ai sibrwd nerth dy ysbryd anorthrech,
O ddyfnder angof a ddaw pan wrandawer . . .

Pan fud wrandawer di-air leferydd
Y don o hiraeth yn d'enw a erys,
Argoed, Argoed y mannau dirgel?

Y GYNNEDDF GOLL

Un dydd o haf hirfelyn ydoedd hi
A'r byd yn llawn o dwrf yr arfau dur,
 A haul o'r awyr las yn bwrw ei li
Fel ambr i adfail brydferth Ystrad Fflur,
 Breuddwydio yno ennyd 'roeddwn i
Dan gysgod bedwen las a dyfai yn y mur.

Gwelwn yn dyfod ataf Fynach Llwyd,—
A mwyn weld eto un yn Ystrad Fflur,
 Ag yn fy ysbryd innau fyth ryw nwyd
O gariad at yr Urdd fu gynt yn bur
 I wlad fy nhadau. Rhodiai drwy y glwyd,
A'i ben i lawr a'i gam fel un a wybu gur.

Ai ysbryd oedd efô o'r dyddiau fu
I'w hen gynefin gynt a roddai dro
 I weled eto olwg ar y tŷ
Yn ddarnau breg, fu gynt yn addurn bro?
 Bron nad amheuwn, ond fod cysgod du
A ddôi, o gam i gam, yn nes i'w ganlyn o.

Mi welwn drem ei lygaid dyfnion dwys,
A chlywais fendith llais oedd fwyn a llawn;
 Eisteddodd yntau yno ar fy mhwys,
Ac aeth yr oriau yno'n fuan iawn,
 O hawl i ateb, yn y gloywder glwys,
A diau, rhyfedd oedd ei eiriau ef a'i ddawn:

"Hyd lwybrau'r hudol, obry, cerddais gynt,
Yn nwyd fy mreuddwyd am a roddai'r dydd;
　Disgynnai golau gobaith ar yr hynt,
A'r antur yno a'm disgwyliai'n gudd;
　Peroriaeth rhamant oedd yn sŵn y gwynt—
Ond trist oedd drengi draw dinc olaf clychau'r ffydd.

　A glywn i eto fyth y beraidd dôn
Brudd dyner honno, gydag awel hwyr?
　Meddyliais. Ond, meddalwch ydoedd sôn
Am gân y gloch, neu fflam y gannwyll gŵyr,
　A rhyfedd fyd i'w olrhain hyd y bôn—
Goresgyn tarth a chlai, a roddai ryddid llwyr!

　Tawodd y clychau, a rhyw hanner hud
Ynof yn dal, fel ofn, ei afael ef,
　A rhywbeth fel yn sibrwd im o hyd
Fod daear yno'n wir fel darn o nef,
　Ond draw o bell y galwai antur byd,
A boddai adlais gwan y gloch, â'i donnog lef.

　Ba waeth am ronyn? Yng nghythryflus ru
Y dref, nid oeddwn onid un o fyrdd;
　Diau nad unig onid un o lu—
Unig ni bûm erioed ar fynydd gwyrdd;—
　A'r golau coch yn ysu'r wybren ddu,
Difwynid hedd y nos yn nydd annistaw'r ffyrdd.

　Ymwerthai ynfyd nwyf i anfad nwyd,
A ffynnai gormod rhaib ar orfod rhaid;

Ni huddai nos arwyddion eisiau bwyd
Nag ôl anobaith gwelw wynebau'r haid;
Am ofer bleser, blysiai lawn neu lwyd,
A'i waelod, wedi'r blys, oedd ludw a merfaidd laid.

Ni welwn innau hyn, o ganlyn hud
Fy mreuddwyd ieuanc; rhodiwn ar wahân;
Ceisiais y rhamant, gynt a ddenai 'mryd,
O wylio delw neu lun, neu glywed cân,
A'u nyddu hefyd yn ddihafal fyd
I foddio'r meddwl mau, heb liw ar na bai lân.

A'r duwiau defod, a'r gwroniaid gair,
Poblogais i fy nef â'u nifer maith;
A dysgais innau dermau'r dorf a geir
Yn sôn a dadwrdd, â diystyr iaith,
Am fyd celfyddyd megis byd a bair
I ddyn ymddeol byth o ffin di-addurn ffaith.

A hir y crwydrais i yn ôl fy mryd
Hyd lannau'r byd a luniais i fy hun,
A hir y brwydrais â'r ymwybod mud
Mai ofer ydoedd myfyr adail dyn,
A bod ei ddelwau'n torri o bryd i bryd,
A'r gân felysaf fu yn troi'n ddiflasaf un.

Am rin y duwiau, mi wrandewais druth,
Hiraethais am eu rhwysg a'i harddwch o;
Am hen wroniaid yn rhodresu'n syth
Yn rhagrith ceisiwr braint neu dreisiwr bro;

Cyd buont rywrai gynt, ag ynddynt chwyth,
Aeth bri eu castiau mân yn druan yn ei dro.

Dilynais lwybr y Ddynolyddiaeth newydd
  A dybiai, ond dynwared byd a aeth,
    A sôn am fyw yn nhermau rhyw a rhewydd,
  Y byddai ragor rhwng y coeth a'r caeth;
    Ond enwi Iau ni ddaw â dyn o'i iewydd,
Ni thry mo'r caeth yn rhydd, na phrydydd dwl yn ffraeth.

  Am Ryddid, clywais draethu gobaith clir
  Y dôi i'r golau â dirgelwch dyn;
    Mynaswn afael ar dangnefedd gwir,
  A'i gael efô a'r golau fyth yn un;
    Er newid termau'n hoes trwy ymwan hir,
Ni newid hynny oll anwydau dyn ei hun.

  O wawdio hanes y dewiniaid fu,
  A dangos cam eu coelion hwy i gyd,
    Y daeth y Dewin newydd yntau'n hy
  I agor dôr ar ddirgelderau byd;
    I'r dyfnder obry a'r uchelder fry,
I'w chwilio trwyddyn' oll, y treiddiai hwn o hyd.

  O'i amryw ddysg y dygai hwn i ddyn
  Ryw lif a alwai ef yn olau gwiw;
    Eglurai drwyddo'r bydoedd fry bob un,
  I fymryn, rhôi ei le a'i lun a'i liw;

  Yna rhyfeddai at ei gamp ei hun,—
Ac eto'r fawrddysg hon a adai'r fron yn friw.

  Olrheiniodd gynnydd deunydd dyn, a rhoes
   Ei rwydau mân er hudo mellt y nef;
    Pellterau maith, a'i gamp yn ddim y troes,
   Ag awyr las yn ufudd gario'i lef;
    Oni ddôi'r gair a leddfai'r ing a'r loes
Yn nhynged dyn, ryw ddydd, o'i ddawn aflonydd ef?

  Yn ôl egluro geni pob rhyw fyd,
   A llwyr esbonio nad oes da na drwg,
    Tynghedfen, meddai, yw y daw rhyw bryd
   Y chwelir bydoedd eto'n darth a mwg,
    A'u llunio eilwaith—llyna olaf brud
Dewin y chwalu mawr, o'r chwilio maith i gyd.

  Trysorau anian, treisio'u rhinwedd hwy
   A wnaeth a'u dwyn i weithio dan ei farn,
    A'i wobr fu iddo—ba ryfeddod fwy?
   O ddwyfol waith, oedd hafal hyn o ddarn?
    Ond pan ddaeth drosto'r hen gynefin glwy,
Troes olud oesau fil o dan ei sodlau'n sarn.

  Er nad drwg hanfod o anghenfil dras,
   A dringo'n hy drwy angen, ofn, a haint,
    Ai nod y dringo oedd fodloni cas
   A bâr, na wybu darpar dyn ei faint
    Pan gâi ar waed ei elyn greulon flas,
Pan rwygai irgig byw â chrafanc lem neu ddaint?

Er iddo am wareiddiad godi ei lef,
A honni trechu anian â'i hystôr,
   Er medru hoyw ehedeg trwy y nef,
A dysgu nofiad is gwaneifiau môr,
   Er maint ei lafur, a feistrolodd ef
Namyn cyfeirio grym, drwy gau neu agor dôr?

   Yn ôl y boen a'r gamp i gyd, ni bu
Ond difyr fwyniant ofer funud awr,
   A byw yn ôl rhyw fân ddefodau lu,
Ai gwneuthur hynny oedd y rhinwedd mawr?—
   Fel ewyn a fo loyw, ac yno a ffy,
Neu wawn o'r golwg êl i gyd pan gilio gwawr.

   Paham y credais innau'r ofer gri?
I beth y ceisiais i wybodau byd?
   Ai fel y byddwn ddoeth, o'm holid i,
A gwenu'n falch, a sôn am goel o hyd?
   Bid balch ein hoes. Beth am ei doethrin hi?
Gwybod, a gwedi gwybod, gwadu gobaith drud?

   Caseais innau holl eglwysau gwlad,
A'u duw nad oedd ond syniad oer, di-lun,
   A wyddai roi i bridd ddi-wae barhad,
A berroes ddall, heb air sy ddim, i ddyn,
   Oni ddymuno lunio iddo lad
A meithrin hyder mwy o'i fympwy ef ei hun.

   Ac o neuaddau dysg y newydd do,
Am nad oedd imi yno onid siom,

Fel eraill, ciliais innau yn fy nhro
I geisio'r gwir, ar lawer antur lom;
Hir, hir, fydd pob ymaros iddo fo
A chwilio yn y drain a'r gwyll â chalon drom.

Un hwyr gaeafol oedd, a gwyll y nos
Yn toi y byd, a'r gwynt, trwy ddagrau'r glaw,
Yn udo'n greulon hyd yr anial ros,
Megis rhyw ysbryd coll, na wyddai daw,
A'r nef ei hunan megis pedfai ffos
Yn boddi pwll y byd a'i merddwr di-ben-draw.

Ar draws siglennog ros, drwy laid a lli,
Y crwydrwn eto'n chwiliwr trwm ei fryd;
Ni wyddwn amgen, mwy, na'm bod o ri
Cyfeiliorn gad breuddwydwyr tlawd y byd,
A roddes gred ar ryw awyddus gri,
A grym eu hyder hael ar gael y gwir i gyd.

O dymestl oer y rhos agored, llwm,
Araf ddisgynnais, yn fy neuryw gur,
I lawr hyd oni ddeuthum trwy y cwm
I gysgod adfail rhyw ardderchog fur,
A grym colledig i'w gadernid trwm,
Ac yno, adnabûm weddillion Ystrad Fflur.

Ymsyniais innau: Yma gynt y bu
Loches fy nhadau, pan dywynnai ffydd
Crist ar eu dawn, cyn dyfod craster du
O'r gogledd oer, a gwywo gloyw ddydd

Y gred a wybu ag euraid obaith, fry
Gyfeirio golwg dyn o garchar priddyn prudd.

A dyma gwr o'r deml a fyddai gynt
Yn addurnedig gan ddirnadaeth dyn,
Cyn i'w hy wanc lunio di-amcan hynt,
A gwario'i ynni i'w goroni ei hun;
Cyn treisio'r môr, cyn trosi'r mellt a'r gwynt
I ddim ond ennill brys, a blys di-bleser wŷn.

Bu yma gynt gelfyddyd benna'r oes,—
Mor draws fu anfedr heddiw wrthi hi!
Dug lawer delw o grefft a di-ail groes
I ddodi nawdd i'n salw ddyhewyd ni,
Ninnau, o'n bychan barch a'n llymrig foes,
Yn damnio rhoi, er cred, a roem er trais a bri.

I mewn y crwydrais rhwng y ddeufur ddu,—
Oered y gwyll, lle gynt bu wridog wawl!
Lle gynt y dyrchai bêr laswyrau fry,
Drwy frig yr adfail udai'r gwynt di-dawl,
Fel tristion lefau rhyw elynion lu
A flysiai ynof ladd brithgo'r colledig fawl.

Fel y bydd gŵr o'i drymgwsg wrth ddeffrói
Yn prysur geisio cofio'r breuddwyd aeth,
A hwnnw ar ei waethaf eto'n ffoi,
Fel ewyn ton a drengo ar ryw draeth,
Felly y ceisiai f'enaid i grynhoi
Drylliau'r tawelwch pell ryw ddydd i'w ran a ddaeth.

Drylliau'r tawelwch pell. Ardderchog Grist,
　A oedd Ef eto'n rhodio'r byd di-ffydd?
　　Ai ynteu mud oedd yn y ddaear gist
　Lle'i rhoes y rhai a'i carai gynt ynghudd,
　　A'u dagrau'n disgyn ar ei wyneb trist,
Pan oedd hi'n nos, a'r nos fyth mwy heb dorri'n
　　ddydd?

　　Od oedd ef yn y bedd, gwae fi na bawn
　O'm deuryw ing yn amdo'r angof mud,
　　Ac wedi profi'r rhin pan dorrodd llawn
　Ysblander Teyrnas Nefoedd ar y byd;
　　Teilyngai, onid ydoedd, fod yn iawn,
A gwell ei gam, boed gam, na bywyd gwag i gyd.

　　Fel cri'n ôl cri, ai ofer gri fu'r Groes?
　Ofer y dolur a'r dihalog fyw?
　　Ba un o'r byd na rôi wybodau'n hoes
　Am ennyd awr o'r heddwch mwy nad yw?
　　Na ddofai lid, er caffael lleddfu loes
A gwae truenus ddyn ym mreuddwyd Teyrnas
　　Dduw?

　　Drwy wyll y nos, a thrwy y gwynt a'r glaw,
　Drwy lam fy nagrau, i'm hunigrwydd mawr,
　　A ddaeth rhyw lif o ddieithr leufer, draw,
　Ai breuddwyd ydoedd? Ofnais. Ar y llawr
　　Tybygwn weled Croes. Ac yn fy mraw,
Mynaswn droi a ffoi. Fel nos o flaen y wawr.

A welais yn y golau hwnnw wedd
Yn araf ddyfod ataf oddi draw?
   Ennyd a roddes imi wybod hedd
   A chwâl, pan gaffer, bryder oer a braw;
   Ac od oedd yntau eto yn y bedd,
Ba le yr aeth yr ofn, a'r gwyll a'r gwynt a'r glaw?

Druaned oedd na welswn innau wawr
Ei lân oleuni, gynt, ar flaen y daith,
   Nid am na phrofais lawer melys awr
   Wrth bris y byd; nid er gochelyd chwaith,
   Y boen fu hir a'r gofid a fu fawr,
Ond am mai gwir na bu ond gwaeth na gwegi'r gwaith."

Gadewais innau'r fan, a'r haul ar ŵyr,
O dewi'r llais, a bendith yn fy nghlyw;
   Ai hud yr adfail hen a'r dwyfol hwyr,
   Ai pur wirionedd oedd, o ryfedd ryw?
   Ni wyddwn i. Ond gwn roi'r ddawn a ŵyr
I rai, nad dibyn bedd yw eithaf diben byw.

EX TENEBRIS

Ffynnon pob ffydd, Iôr tragywydd, trugarog,
I ni na wad lefain arnad o'n cyni;
O cheffir gau yn ein calonnau'n aros,
A bai a gwŷd yn ein hysbryd yn trigo,
Na wrthod Ti gysur y gri druenus,
Pan drecho cur wael greadur dy ddwylo,
A luniaist Ti, o'th fawrhydi a'th allu,
Yn dda, yn ddrwg, gwawl a thywyllwg ynddo!

Onid hir fu'n taith, tost ein hartaith anesgor,
Drwy wae a gwŷd llwybrau bywyd ac angau,—
O darth mud, gwyn, maith anoddyn a thryblith,
O ddwfr, o dân, gwyllt ei anian, pan ddaethom,—
O bridd ac âr, llaid y ddaear anghyflun,
O goed a gwŷdd, tyfiant elfydd toreithiog,—
O ilion mân, rhithion a bywion lledfyw,
Hyd ymdro bod swrth drychfilod erthylus!

Gymaint fu hyd ymdrech bywyd diatal,
Pan weithiai'i wanc â dall grafanc ddiorffwys;
Pan dyfai llaw drwy hir geisiaw a methu,
A throi, wrth raid, gyrn yn llygaid cyntefig!
Pan nad oedd fod, onid gorfod a gorthrech,
Na deddf na dlêd, ond eisiwed ei hunan;
Ymhell cyn bod gair ar dafod anystwyth,
Na dim ond cri bodd neu ofni'n ymlunio.

Yn awr gwawr lwyd newydd arswyd anwybod
Rhag gallu'r drwg oedd o'r golwg yn llechu,
Rhag nerth a gwg du dywyllwg yr hirnos,
Rhag cadarn fâr dyfnder daear gythryflus,
Rhag lleisiau croch wybr wag ddugoch dymhestlog,
Rhag grym y llid fyth nas gwelid â llygad,
Ac nad oedd ffo, nodded rhagddo, na dianc,
Na modd i ni fyth na'i lochi na'i herio!

Pan gurwyd tân gyntaf allan o'r garreg,
Pan naddwyd pren â llafn llechen gyllestrig,
Pan ddodes dyn saeth ar linyn, a'i gyrru,
A maen ar saeth drwy hir arfaeth aflonydd;
Pan gaed, o raid llaw a llygaid a newyn,
Wreiddyn pob cais, cof, a dyfais cyfrwystra,
Pan aned pŵl rithiau meddwl a'i egin,
Y pryd pan aeth eisiau'n hiraeth a hoffter.

Pan luniodd cri ystyr iddi ei hunan,
A dwyn, yn hwyr, o sain synnwyr i'w chanlyn,
A throi yn rhydd glo lleferydd crynedig,
A seinio'r Gair dilyffethair a dwyfol!—
A edrydd raid didranc enaid gwahanfod,
A geidw ynghyd rin yr ysbryd tragywydd,
Nad yw, er hyn, ond ton a gryn wrth ddamwain
Rhwng bod a bod yn y gofod diderfyn!

Yna, i'r byd pan ddaeth hefyd ddychmygu,
O haul, lloer, sêr, dduwiau lawer i ddynion,—
O nos a dydd, môr a mynydd a choedwig,
Ba ofnau lu arnom a fu'n ymruthro!

Dyn yn ei fai fyth y'th geisiai, er hynny,
Yn draws, yn ddig, mwyn a diddig wylofus,
Yn hael ei fron, yn groch greulon ddialgar.
Yn ffôl, yn ddoeth, yn wyllt benboeth gynddeiriog.

O gas at fai, lladdai, llosgai, dinistriai,
O fryd ar deg, fyth ychwaneg ei ddifrod;
Od oedd fel dall ynfyd, angall weithredoedd,
Os cam a wnâi, iawn a geisiai yn gyson;
O serch ar wir, traethai enwir ddychmygion,
Drwy waedlyd frad, mawrhâi gariad a rhinwedd,
A hyn, O Dad, am na wyddiad benodi
Ffordd iddo Ef namyn dioddef gorfod.

Anesgor raid corff ac enaid anghyfryw
A'i gwasg efô fyth lle byddo'i dynghedfen;
Y grog y sydd fyth i waredydd, a dirmyg,
Ac urddo'i fedd, wag anrhydedd a'i foli!
Felly y bu er pan ddyfu ddechreuad,
Ai felly y bydd rawd tragywydd yr oesau?
Oni ddaw pwyll gwedi hirdwyll a gofid,
A da i ni heb ddrygioni nac adfyd?

Ffynnon pob ffydd, Iôr tragywydd, trugarog,
I ni na wad lefain arnad o'n cyni;
Cyd bo nad da, chwaith, na didda dithau
Cyd bo nad drwg, chwaith, na diddrwg ninnau,
Tydi, a wnaeth bob rhagoriaeth a glendid,
Nad oes nacáu mo'th fwriadau goruchel,
Dyro i ni lân oleuni doethineb,
Cyd na bo drwg hir dywyllwg dioddef!

Y TRYDYDD

I

Noswaith erwin o aeaf ydoedd hi
A'r wraig a minnau'n eistedd wrth y tân,
Gan wrando, weithiau, ar gyfeiliorn gri
Y gwynt, wrth luwchio'r eira mân.
A'm calon innau'n llawn ystormus lid
A siomedigaeth, weled gwywo gwrid
Gobeithion gloywon ac ymdrechion oes—
Nid ufudd oeddwn oddi tan y groes.

Magaswn fab, a phris fy llafur maith
A'm poen, yn nyfnder daear, oedd ei ddysg,
A'i cadwodd fel na wyddai fod ym mysg
Dosbarth y dwylo cyrn a'r talcen craith;
Pa beth a gawswn am yr aberth drud,
Ond bod yn wawd i fyd ac eglwys mwy,
Clywed eu dirmyg hwy,
A gweled gwên ar wedd pob cas ei fryd?
Ai mab i mi oedd hwnnw—mab i mi—
Myfi, na syflwyd unwaith yn fy nghred,
A wyddai union faint ei hyd a'i lled,
A gollsai bopeth cyn ei gwadu hi,—
Ai mab i mi, a synnai bawb, yn dair,

Wrth ddysgu'r Gair,—
A dynnai bawb, ag ef yn dair ar ddeg,
I weled iddo ryw ddyfodol teg,—
A ddringodd risiau'r ysgol hyd ei phen,
A'i yrfa megis llen
Heb arni staen; ac yna, mewn un dydd,
A'i duodd hi am byth drwy wadu'r Ffydd?
Ai mab i mi?—Na! "Gwae fyfi erioed
Ei eni!" meddwn.

Clywais sŵn ei droed.
Berwodd fy ngwaed, ac eiliad im a roes
Un aruthr olwg ar oferedd oes,
Ar lafur, gofal, gobaith, gweddi tad,
Yn prifio'n deg, a'r ffrwyth yn profi'n frad!
Agorodd drws y tŷ,
Ac fe ddaeth trwyddo o'r tywyllwch du
Beth duach filwaith—Suddas, yn ei frad,—
Ac meddai, "O! nos dawch, fy nhad!"

Tad? Lle na chaffer mab ni cheffir tad!
Un gair a wyddwn. Ysgyrnygais: "Brad!"
Ac yna, daeth y geiriau imi'n fflam
Nes llosgi'r croeso ar ruddiau coch ei fam
Yn lludw gwelw. Meddwn wrtho: "Dos
Yn ôl i ganol dy dragwyddol nos,
A bydded bythoedd ar dy ben dy waed,
A ffydd dy dadau'n sarn o dan dy draed!"

Medd yntau, gyda gwên:
"Felly! Mi af, rhag gwae'ch trugaredd hen,
A'ch cariad perffaith, sydd yn berffaith gas!"
Aeth trwof eto ffyrnig ias,
A daeth y geiriau'n llif: "Onid myfi,
Fore a hwyr, a chwysodd erot ti?
Ai ffrwyth fy mhoen, ymhell o olau dydd,
Fu magu bradwr i fradychu'r Ffydd?"

Gweddïais, do, am weled barn y nef,
Wrth orfod gwrando ar ei ateb ef:
"Felly y bu eich dewis,—nid myfi
A geisiodd gaffael hynny gennych chwi;
Mynnech roi imi ddysg, a minnau, mwy,
Ni allaf ddal i draethu'r twyll yn hwy;
Am hynny, mynnwch edliw imi'r pres—
Fe'u talaf, fel na ddarffo'ch unig les,
Ac fel na boch, tra byddoch byw,
Fel finnau, druan, heb un duw!"

Yr eiliad nesaf—Duw a wyddai pam—
Disgynnodd megis pren, wrth draed ei fam,—
A gwelais yn ei llygaid hithau dân
Dieithr, a losgodd ffrwd ei dagrau'n lân!
Daeth dychryn arnaf. Gelwais arno'n groch.
O'i ffroen, dylifai gwaed yn llinyn coch.
Ymeflais yn ei fraich, ysgydwais ef.
Ni roddes dro, na llef.

Drwy'r drws agored, rhythai gwyll y nos.
Tybiais glywed rhyw lais yn gweiddi: "Dos,
Ymguddia fel na'th welo lygad dyn,
A'th law yn goch gan waed dy fab dy hun!"

Dihengais. 'Roedd y nef i gyd yn ddu,
A'r ddaear gan yr eira'n wen i gyd.
Och! Dduw, paham y gwynnaist tithau'r byd
A duo'r nef? Pa ryw uffernol lu
A'm chwyrn ganlynai? Rhuthrais yn fy mraw,
A llosgai gludiog leithder coch fy llaw!

II

Megis mewn breuddwyd, clywais lais fy mam
Yn wylo, ac yn galw arnaf i;
I'm llygaid daeth y dagrau; gwelwn hi
Yn plygu uwch fy mhen. Ond cofiais am
Y ddadl a'r dyrnod. Neidiais ar fy nhraed,
A gwelais fod arffedog 'mam yn waed.
Aeth ias i'm dwyffroen fel angerddol fflam,
Ac yna, ar un cam,
Diflennais innau drwy'r agored ddôr,
A'm pen yn llawn o ru fel sŵn y môr,
A dial yn fy ngwaed—holl wae fy oes
Yn don ar don, ac annioddefol loes
Yr anghyfiawnder—edliw imi'r pres
A roed o falchder rhagrith er fy lles
I foddio hurt hygoeledd mintai gul,
A llunio duwiau deirgwaith bob dydd Sul!

Ba le yr awn? Ni wyddwn i fy hynt,
Ond rhuthrwn fel y gwynt,
Ie, fel gwynt, ond megis gwynt ar dân,
Drwy eira oedd yn eirias wreichion mân,
Hyd oni sefais yn fy ffyrnig loes
Rhwng muriau hen Fynachlog Maes y Groes.

Aeth drosof donnau chwyrn o boeth ac oer,
Ac yno, wrth oleuni claf y lloer,
Lle syrthiai ar y mur ei llewych hi,
Yr wynebasom eilwaith, ef a mi.
Penlinai yno, yn yr eira mân,
A'i ddwylo ymhleth. A aeth yr ôd yn dân?
Bytheiriais eiriau chwerwon yn ei glyw:
"A ydyw'r gwaith yn haeddu bendith Dduw?
A faddau ef yr holl oferedd ffôl—
A ddaw y geiniog sanctaidd eto'n ôl?"

"Taw!" meddai yntau, "od wyt eto fyw,
Hyd angau, amddiffynnaf enw Duw;
Na threigled hwnnw dros dy wefus di;
A deall nad oes dim nas beiddiaf i!"

Meddwn: "Ai rhaid i'w enw eich nodded chwi?"
A chwerw y chwerddais i.
Llamodd i fyny. Ni wn i beth a fu,
Ond safodd ef a minnau o'r naill du.
Tarddodd rhyw olau, megis, ar y mur,
Ac yno, gwelais wyneb llawn o gur,
Fel pe bai darnau'r ddelw o garreg wen

Y chwarddodd ef, a minnau, am ei phen,
Y dyddiau gynt, efô o'i farn ei hun,
A mi o ddysg a balchder rheswm dyn—
Fel pe bai honno yn araf wisgo cnawd,
A'r darnau coll yn tyfu ar y groes,
Nes bod y drem, a'r loes,
Yn llosgi popeth o'n heneidiau tlawd
Ond addfwyn ofid. Gwelais law fy nhad
Yn disgyn wrth ei ystlys megis plwm,
Ac yntau'n syrthio eilwaith ar ei lin,
A llef fel toriad calon ar ei fin.
Penlinais innau. Aeth fy nwylo ynghlwm.
A safodd Rhywun rhyngom? Pwy a wad?
Ni ddwedodd ef ond "O, fy machgen tlawd!"
Na minnau unpeth onid "O, fy nhad!"

A'r Trydydd—brithgof cymhleth gïau'r cnawd?...

AM ENNYD

A'r gwynt yn ysgythru'r blanhigfa
   Sy'n tyfu o amgylch y plas
A saif ar y fan lle'r oedd trigfa
   Ei hendaid, pan oedd yn was,
Cyrhaeddodd i'r tŷ yn flinedig,
   A mosiwn y modur o hyd
Yn troi'n ei ymennydd lluddedig
   Hyd nad oedd y dodrefn drud
Fel pe baent yn rhuthro heibio
   Fel gwrychoedd a theios a choed,
A Dewin yr Oes wedi'u rheibio
   Â'i ddawn, o bu reibio erioed;
Eisteddodd i geisio arafu
   Gwylltineb ei daith i gyd,
Fel na bai i'w brys ei anafu
   A'i hyrddio dros ymyl y byd.

A dengmil o bunnau sychion
   I'w hennill ar waith y dydd,
Yng nghanol ei gelfi gwychion
   Paham na bai weithion yn rhydd?
Eisteddodd wrth fwrdd y cinio,
   A phob rhyw wasanaeth yn flin,
O'r manbysg arian-gen, i finio
   Yr archwaeth oedd bŵl, at y gwin;
'Doedd gweld faint o sidan nas gwisgai
   Y merched ddim cysur, fel cynt,
Na'u geiriau na'u chwerthin, tra llusgai

Yr awr, onid gwegi a gwynt.
'Doedd flas ar na phapur na stori,
  Na mynd ar sigâr na gwin,
Na dim yn y byd i'w ddiddori
  Rhag pwys ei ddigonedd blin.

II

Clec—clonc—bwrr—bŵm! dyna ruo
  Fel ped aethai'r wlad yn garn,
A llwyd wybren hwyr hithau'n duo—
  Meddyliodd am stori Dydd Barn—
Oni chofiodd fod mil o drueiniaid
  Dan y ddaear yn torri'r glo,
(A phedwar neu bump o fileiniaid
  Yn ceisio eu gyrru o'u co,
Drwy sôn am eu tai a'u cyflogau,
  Fel pe gellid fforddio mwy
Heb golli busnes a llogau,
  A'u gyrru bob un ar y plwy—
Fel pedfai ryw gwmni yn gweithio
  Gwaith glo er elusen i dlawd!)
Bŵm eto! Ag Angau'n anrheithio,
  Bydd dyn weithiau'n cofio ei frawd,
A'i golled ei hunan, hwyrach,—
  Mor gymysg yw calon dyn!—
Ond duai yr wybren yn llwyrach,
  A chrynai'r holl ddyffryn ei hun.

III

I waelod y pentref rhedodd,
  Ac yno, yng nghanol y mwg,

'Roedd cannoedd yn rhuthro, a chredodd
    Weld llygaid ar dân gan wg;
Ond nid oedd dim un i'w ddirmygu,
    Na'i weld, mwy na'r sbwriel mân—
'Roedd pumcant o Ddynion yn mygu
    I lawr yn y tawch a'r tân.

Gwelodd y merched llymion
    Yn mynd fel ysbrydion lu,
A thraed mewn esgidiau trymion
    Yn crensian y diamwnd du;
Plant troednoeth heibio'n dylifo,
    Ag awr wedi eu gwneuthur yn hen,—
'Doedd briw ar y troed ddim yn brifo,
    Na syrthio'n dwyn gwaedd na gwên.

O ddyffryn i ddyffryn, heb ballu,
    Dylifai Brawdoliaeth Dyn,
Dewrder a phrofiad a gallu,
    Tanbaid waed Bywyd ei hun.
I lawr lle'r oedd Angau ofnadwy
    Yn llosgi ei ebyrth â thân,
Rhuthrai Brawdoliaeth i'r adwy,
    Heb faner, na chorn, na chân;
A hwythau, wŷr mawr yr aur melyn,
    Datodent linynnau'r pwrs,
I leddfu difrod y gelyn—
    Nes swyno'r wasg drannoeth, wrth gwrs.

IV

Gerwin a hir a fu'r chwilio,
  A dewr fu Brawdoliaeth Dyn,
A mil o obeithion yn cilio
  O fodfedd i fodfedd, bob un,
Nes iddynt o'r diwedd drengi
  Ar unwaith, ryw noson hir,
Ac i Un Anobaith sengi
  Ar sarn o galonnau ir.
Trwy ganol y boen ddileferydd,
  Trwy ganol y gofid mud,
Y crwydrai Brawdoliaeth, heb gerydd
  At wallgof na phechod y byd.

Ac yno, yng nghanol y cyni,
  'Roedd Un fu wrth galon y byd,
A wybu ei syrthni a'i ynni,
  A'i gariad a'i gas i gyd;
Ni faeddwyd ei wisg lle'r ymdroai,
  Yng nghanol y llwch a'r llaid,
Ond rhagddo, mynych y ffoai
  Trueni yr aberth di-raid;
O filoedd o leisiau disgynnodd
  Difesur dynerwch ei lef,
Ac o lygaid aneirif tywynnodd
  Ei dristwch anfeidrol Ef.

V

'Does tawch yn y gwaith, mae'r cyflogau
   Ychydig yn is, medd rhai,
Oblegid y golled; a'r llogau?
   Maent hwythau yn edrych yn llai;
Ar rai mae rhyw hanner cywilydd
   Wrth gofio eu gwendid gynt,
Pan ddaeth Dynion mor agos i'w gilydd
   Nes am funud anghofio'r Bunt;
Mae'r ddaear yn dechrau glasu
   Ar bumcant o feddau di-lun,
A Masnach eto'n teyrnasu
   Lle gwelwyd Brawdoliaeth Dyn.

I UN OHONYNT

Un o do isaf y werin oedd ef,
  O deulu trueni a thlodi;
Y cyntaf peth a gofiai oedd llef
  Anghenus o'i gylch yn cyfodi.

Gwybu ddioddef ym more'i ddydd,
  Dioddef gan oerni ac eisiau,
Gwael oedd ei raen a gwelw oedd ei rudd,
  A than ei ddau lygad yn gleisiau.

Gwelodd ei dad yng ngafael y nych
  Yn marw gan dorri ei galon,
A'i fam yn dihoeni'n drist ei drych
  Yng nghanol ei phoen a'i gofalon.

Gwelwyd e'n myned i ganlyn y plant
  Yn droednoeth mewn newyn a rhyndod,
A'i lygaid dyfnion megis rhyw gant
  Am ofid mud athrist plentyndod.

Dysgwyd iddo yn ysgol y plwy
  Gan rai heb adnabod cywilydd,
Fod Duw yn y nef yn dad iddynt hwy,
  A dynion yn frodyr i'w gilydd.

Tybiodd mai rhyfedd na roddai'r Tad,
  A'r brodyr, wrth weled eu gwyched,
Damed neu lymed i'r gwael eu stad,
  I dorri eu newyn a'u syched.

Methodd â deall. Tyfodd y llanc,
  A'i waed gan wrthryfel yn berwi;
Cardod ar ddamwain, ni thorrai ei wanc,
  Ond parai i'w ysbryd chwerwi.

Cyfaill ni feddai efô yn y byd,
  Ac eto, cyfeillach a fynnai;
A'i galon yn chwerw ac unig, o hyd
  Am rywun a'i carai, newynai.

Cyfarfu â benyw wrth rodio'r ystryd,
  A honno fel yntau yn rhynnu;
Truan a brwnt oedd ei bywyd i gyd
  ('Roedd ei henaid, ma'm, yn lân, er hynny).

Er saled ei diwyg, glân oedd ei phryd,
  A gwelwyd ei glendid yn fuan;
Trachwant goludog a phleser y byd
  A'i dug oddi ar draserch y truan.

Darfu ei obaith yntau i gyd,
  Ac ni chafwyd neb i'w waredu;
Cerddodd hyd lwybrau duon y byd,
  A'i galon o hyd yn caledu.

Treiglodd i ganlyn ei ffawd yma a thraw,
  Yn adyn heb gartref nac annedd;
Trom ar gymdeithas dyn fu ei law,
  A bwriodd ei wenwyn i'w dannedd.

Hithau, Gymdeithas, yn flin a'i troes
  O gyfyl ei thai a'i hystrydoedd,
Rhag iddo ddrygu rhai uchel eu moes
  A duwiol eu bryd a'u hysbrydoedd.

Cododd ei law, megis gwron, ryw hwyr,
  Yn erbyn Cymdeithas a'i llawnder;
Hithau a'i lladdodd o'r diwedd yn llwyr
  (Ie, diolch i Dduw, syr, am iawnder).

WRTH EU FFRWYTHAU

Garw oedd ei wyneb, a chorniog ei law
(Ysgydwais hi, do, syr, er gwaethaf y baw);
Cerddai'n ddidaro a thrwsgl hyd y dre,
Fel un cynefin â llawer lle.

Bu'n cysgu noswaith ym môn y clawdd—
Yno, mae gorwedd a chodi'n hawdd;
Y cwbl oedd ganddo oedd dimai neu ddwy
I dorri cryn newyn, a syched oedd fwy.

Prin oedd ei eiriau, a chras ei lais,
Gwybod cyfeiriad y ffordd oedd ei gais;
Clywodd yn rhywle fod gwaith ger y dref,
Lle'r oedd ar wareiddiad ei eisiau ef.

Atebais. Aeth yntau i'r meysydd draw,
Lle'r ydoedd y rhwbel a chaib a rhaw,
A chyn codi'r barrug, 'roedd yntau'n un
O fyddin y fatog a'r ordd a'r cŷn.

Ei freichiau noethion—nid eiddo grys—
Cyhyrog oeddynt, a gwlyb o chwys;
Yn llawn i fyny, yn wag i lawr,
Ni safai ei ferfa funud mewn awr.

Prin oedd ei eiriau, cras oedd ei lais,
Gwybod yr amser yn unig a gais;
Mae cloch yn canu, a phawb yn troi—
Bydd raid i nafi gael tamaid i'w gnoi.

Ceiniog a dimai oedd gan y gŵr,
A bwyty ei ginio o fara a dŵr;
"Cinio go fychan," medd un ar draws,
A thaflu i'r estron gilcyn o gaws.

"Hwda!" medd arall, llygatgam, dig,
Ag estyn iddo ryw damaid o gig;
"Yf!" medd y trydydd a'i bot yn llawn,
"Diod go ddiflas yw merddwr mawn!"

A gweithiant felly am wythnos gron,
A'u geiriau'n brinion a gerwin, bron;
Bu un yn Affrig ac India bell,
A gwelodd amseroedd, rhai gwaeth a rhai gwell.

Bu arall, meddai, ym mhellter byd—
"Symol" oedd hanes y gwledydd i gyd;
Gair ar ddamwain, a rheg neu ddwy,
A brofai belled eu cerdded hwy.

Daeth nos Sadwrn a chyda hi
Gyflog yr wythnos a deunydd sbri;
Dadlau a dadwrdd a llawer ffrae—
Rhyw fyd bach cymysg rhwng cloddiau cae.

Ar ucha'r helynt, i'r lluest daw
Y gair fod plentyn yn gorff gerllaw,
A'r tad, yng nghanol y dadwrdd i gyd,
Sibryda, "Y bachgen!" a throi yn fud.

A'r estron olaf yn cofio'r cig
A roes ei gymydog llygatgam, dig,
Trwy ganol y siarad a'r sŵn di-daw,
Mae'n mynd o gwmpas a'i gap yn ei law.

Mae pawb yn estyn ei law yn chwap
A hanner tâl wythnos pob un yn y cap;
Ni phaid y dadwrdd, ni dderfydd y broch
(Bydd rhai, syr, yn wylo drwy dyngu'n groch).

CWYMP CAERSALEM

Caersalem lân, Caersalem!
Gwelir hi fel disglair em,
A'r haul yn troi heolydd
Hon yn dân pan weno dydd;
Heulwen dyner yn felyn donnau
O esmwyth aur y sy am ei thyrau;
Morïah'n yr awyr mor wyn â'r ewyn
Yn neidio i'r glas fel o ddyfnder y glyn;
  Addurn pob dawn gelfyddyd,
  Gem pob un o gampau byd.

II

Ust ennyd! Dwys y tonna
Rhyw wag su hir; agosâ;
Rhed ymhell, fel rhuad môr
Cryg, o gwr creigiog oror,
Yna taw. Yr ennyd hon,
Y gwelir chwith argoelion—
Am ael y Deml, cwmwl du
Mal adain sy'n ymledu,
Ac ar len yr wybrennydd,
Dulas wg a dial sydd.

Fel gwynt y gogledd o'i unigeddau
Ar ei hynt pan ollynger yntau,
A sŵn ei donnog, luosog leisiau
Ar chwâl hyd oror yr uchelderau,

Felly yn flin yn erbyn y ddinas
Y daw gelynion a dig alanas;
Hithau, ni ŵyr rifo weithion ei horiau—
Dinas yr Iôr! pwy a'th dynn is yr iau?

III

Balch yn y nen yw baner yr Eryr,
Am dyrau'r fan mae dur y Rhufeinwyr;
Y cyrn hir, taer, sydd yn crynu'r tyrau,
A gwae a leinw fil o galonnau;
A ddarfu weithion yr hen ogonedd,
Oni ddaw eilwaith yr hen ddialedd?
A giliodd amod yr Arglwydd ymaith
A gwasgar ei olau o'i gysegr eilwaith?
A âd i newyn ei rai diniwed,
A'u troi yn eu gwae i'r estron giwed?

> Caersalem lân, Caersalem,
> Eglur oedd fel disglair em—
> A mur o dân amdani,
> Bwyty haint ei bywyd hi.

IV

Trydar, trydar, trydar cynddaredd,
Yna hir ddolef anwar ddialedd;
Syrth y rhai meirwon dros wartha'r muriau,
Claer ydyw'r fflamau taer am y tyrau;
Dua'r haul rhag gwaed yr heolydd,

Yntau'r mwg araf yn toi'r magwyrydd;
   O'i raffau du, seirff o dân
   Troellog, sy'n torri allan,
   A'u galwad ar ei gilydd
   O dŵr i dŵr drwy y dydd.
Rhwygir y nef â gwawch a dolefain,
Un gri o arswyd, un wag, oer hirsain,
"Y Deml!" Ac yn ffrom o aur y gromen
Fel sarff o ufel, daw fflam ruddfelen,
Onid yw'r meini, a gwynder mynor
Ael y muriau yn gwrido fel marwor.

   Ymdâg y fflamau dugoch
   Yn y mwg du. Ymgwyd och
   Hir, ddofn, drwy ddu golofnau
   Haen y cur sydd arni'n cau,
   A daw eilwaith dawelwch
   Nos i lawr ar ddinas lwch.

v

   Caersalem lân, Caersalem,
   Eglur oedd fel disglair em;
   Hun oer y sydd yn aros
   Drosti'n awr, mor drist ei nos!

SANCTUM
I E.M.H., ER COF

Nid oedd ond rhyw gut o ystafell
  Yng nghanol adeilad di-lun,
A dau ŵr prudd yn y gafell a geid
  Wrthi yn ddistaw bob un,
Oddi allan 'roedd y gwynt yn chwibanu
  Wrth hela'r cymylau a'r glaw,
Ac ambell waith yn rhyw ganu'n fain
  Yng ngwifrau'r telegraff draw.

Wrth nen yr ystafell yn crogi
  'Roedd llinyn cyfrodedd, hir,
Ac ar ei flaen yntau'n ysgogi, yr oedd
  Rhyw belen fach wydrin glir;
Ac i mewn yn y belen 'roedd mellten
  Wedi sefyll, fel sarff ynghlwm,
A'i llewych dan gysgod rhyw ddellten gron
  O risial, yn disgyn yn blwm
Ar gynnwys y bwrdd oddi tanodd—
  Papurau o bob lliw a llun,
A mil o ryw farciau go anodd i'w dallt
  I'w gweled ar lawer un;
Papurau, bob lliwiau a hydau,
  Yn llenwi pob cornel yn drwch,
A hadau afrifed glefydau mawr wanc
  Yn llechu yng nghanol eu llwch.

Addurnid agennau y pared
  Gan liaws o luniau gwŷr mawr

Y rhoisai'r hen fyd, am gael gwared o'u gwaith,
  Gryn lawer o'i olud i lawr;
A'r pared, diorffwys ogrynai,
  Fel pen tra bo fwyaf ei gur,
Gan ryw ddieflig glic-clic a ddisgynnai, o hyd
  Heb baid o'r tu allan i'r mur,
Fel pe byddai gesair o haearn
  Yn dawnsio ar balmant o ddur,
Neu gasglu holl glociau'n hen ddaear ni 'nghyd
  A'u drysu'r tu arall i'r mur.

A'r ddau ŵr prudd a eisteddai,
  Yn ddistaw o boptu i'r bwrdd,
Heb yngan un gair a weddai lle bo
  Nerfau, a thermau, a thwrdd!
Aeth unawr a dwyawr heibio,
  A'r gwallgo glic-clic aeth yn fud;
A'r ddau ŵr prudd—ai eu rheibio a fu?
  Yno, yn ddistaw, o hyd.

Chwarddai y gwynt yn ddirmyglyd,
  Udai a rhegai yn groch,
Ond tawodd, gan ollwng rhyw fyglyd glang
  I mewn, rhwng cyrsiau ei froch,
Fel ysbryd sŵn cloc yn ei gryglyd gais
  I daro un o'r gloch.

A'r ddau ŵr prudd yn ystwytho,
  Gan edrych yn syn ar y mur,
Fel pedfaent yn anesmwytho nad oedd,

Mwy, derfysg y darnau dur!
Cyfrifodd un ei ddalennau,
  "Pum colofn," meddai, "os un";
A'r llall, gan edrych ar bennau ei ddail,
  "Pump arall, hyd fore Llun."
"Dyna ddeg—a llawn ddigon—o'i stori!"
  "Wel, ie—os na bydd o byw!"
Cling-cling—dyna sŵn, megis torri â gordd,
Ryw fyrddaid o lestri, i'r clyw.

Dacw un o'r ddau yn cyfodi
  Yn sydyn, gan sibrwd "Ust!"
A gafael mewn corn, a dodi un pen
  Yn chwim yn ymyl ei glust.
Distawrwydd am rai eiliadau;
  Medd yntau, a'r corn yn ei law;
"Mae brenin ar frenin—at ei dadau yr aeth,
  Heno, hanner awr wedi naw."

Gwywa'r sarff dân yn y belen,
  Clywir clec y drws, megis gwn;
Syrth golau'r lleuad oer felen ar ddau
  Am heno yn rhydd rhag eu pwn.

YMACHLUD HAUL

I T.F.R.

Lliwiwyd holl gant y gorllewin gan we y gwineuwawn dilin,
  Rhith blodeufflam yr eithin, a chlawdd o felyndroch lin;
Cwrel, goleuwefr ac orain, gwe aur ar y gorwel disglain,
  Caer o gymyldarth cywrain ar lif megis saffir lain;
Rhos o'r dyfnderau'n bwrw iasau o rudd drwy eddi'r eiliwiau,
  Tân eiriasgoch, fel tonnau, ym môn y gwawl yn mwynhau;
Haen, fel gwin yn gwreichioni, a dugoch ymdagiad ynddi,
  Gwelwgaen yn crychu gweilgi, un llam yn aruthro lli;
Du lle bu'r tanbaid ordywyn, a gwrm lle bu'r gwefr gofelyn,
  Asgell gwyll yn goresgyn y gwag lle bu'r harddwch gwyn;
Enaid un dydd yn edwino, a nos yn ei iasau'n gwingo,
  Uthrwch yn ymddieithro i hud yr hwyr yn ei dro;
Yna, daw'r sêr i wybrenfor y nos, gan ei ysu'n borffor,—
  Rhyngddynt, hyd wawr ehangddor, myrdd fydd breuddwydion y môr!

GWANWYN

Mi glywais sŵn llanw y Gwanwyn heno drwy hun y gaeaflwyn,
    Dôi, lle briglasai dywyn brych gan y moresg a'r brwyn;
Twf ei gynhyrfiad hyfwyn a daenai hyd weunydd a chlogwyn,
    Ar ddôl yr oedd ôl ei ddiliw, lliw fydd yfory'n y llwyn!
Rhydd y daw'r adar i'r oed, dywynllu adeinllym, ysgawndroed,
    Hun-goll mwy fydd yr hen-goed, cân fydd yfory'n y coed;
Man y bu'r Hydref a minnau'n iasoer, un nos ar y bryniau,
    Gynt, a mi'n drwm, ag yntau yn fud, wele ailfywhau
Lle y bu'r olaf o'r lliwiau mirain yn marw heb ofidiau,
    Bywyd sy'n agor dorau y pridd, a'r lliwiau'n parhau;
Dad y rhyfeddod! ai dir, i minnau, o'm hun nad osgoir,
    Ran o'r wyrth a gyfrennir ar ddail, wedi'r gorwedd hir?

Gwelais ysblander y golau, ar fôr, ar farian a bryniau,
    Gwib a fu wynfyd gobaith, a maith fu'r amheuon mau;
Gwelais yr haul yn ymgilio, a'i dân ar y dŵr yn gwrido,
    Gwyddwn nad hir ymguddio fydd yn ei hanes efô;
Gwyliais y bore'n gwelwi am aeldrom, gymyldrais Eryri,
    Atlas nefddor yn torri yn dân gan dy huan Di!
Iôn! a ddaw nos ein drygioni ninnau yn wenwawr oleuni,
    Gwanwyn yn dwyn daioni y nef i'n calonnau ni?
Blin ydyw bod heb oleuni dy wir, er daearol dlysni,
    Gwell fyddai'i hirfaith golli, hyd awr dy dangnefedd Di!

Hedd, ai y bedd yw ei bau? Ai ango di-yngan yw yntau?
 Gwir, ai dim yw ei gaerau; bod, oni ellir heb au?
Ti, a ŵyr berffaith ddistewi bywyd, Ti biau a fynni,
 Gad imi hun, ag wedi hun faith, n'ad yn ango fi;
Llwch fo 'nghnawd, ar y llechwedd, a'm hesgyrn,
   cymysger â'r tudwedd,
 Eto, er gwâr Drugaredd, a Rhad, i'm henaid rho hedd!

HYDREF

A hydref yn troi'n waedrudd
Ddail y coed â'i ddwylaw cudd,
A gweu uwch y foel ei goch a'i felyn
Yn gaerog rwydwaith trwy'r grug a'r rhedyn,
A rhoddi ei egroes fel ambr ddagrau,
Am osglau drain y mwsogl darennau;
Ei gwrel masw hyd griawol meysydd,
A'i waedrawn gelyn draw yn ei gilydd;
    A'r haul, drwy lasliw'r heli,
    Yn bwrw aur lwybr ar ei li,
    A'i fân donnau'n llyfn danaf,
    Eto o hyd ym mreuddwyd haf,
Ffolais ar rodres a phleser Hydref,
Oni wyddwn drueni anoddef
Yn awr a ddôi i roi ar y ddaear
Efyn a hugan gaeaf anhygar;
Ba ddir wae oedd na byddai ryw addef
I minnau grwydro ym mangre Hydref,
    A'i liw'n hon tra gwyliwn i
    Yn dal heb ffoi na delwi!

    Yna, lliw'r maith orllewin
    Melyn, a aeth mal yn win;
Hyd y lan rhoes ei danbaid oleuni
Liw am y don fel pedfai fflam dani;
A hithau'r nos fel i'r ether yn nawsio
O ryw le, na bu wawr i'w oleuo,
A mwng yr hwyr am eang ororau

Yn nyddu'i laith, ebonaidd lywethau,
   E ddaeth rhyw hir, ddieithr hedd
   I'n daear, megis diwedd
   Oes, a wybu ddwys obaith,
   Ar dristion amheuon maith;
Ni wylai'r môr islaw ar y marian,
Ni rygnai'i ro, na'i gregin, na'i raean;
Ni ddôi y gwynt yn anniddig, yntau,
Na chwa i ryw igian rhwng drain a chreigiau;
   Angau, a'r mawr ddistawrwydd,
   Ni suai nos yn ei ŵydd!

   Ar ddidro yr oedd Hydref,
   Oerwyd ei waed a'i wrid ef;
Ac yno'n gêl, dan y sêr trybelid,
Marw a fu ef heb furmur o ofid;
Oddi ar wŷdd bwriodd ei aur, oedd barod,
O flaen ias gaeaf, fel unnos gawod;
   Ildiodd olud ei ddeilos
   A'i stôr yn awr ddistaw'r nos;
   Dros y tir yn ddidrwst aeth
   Lifrai welw ei farwolaeth;
   A'r bore, llathrai barrug
   Fel dur graen ar flodau'r grug!

GWLAD HUD

Ym moreddydd pell fy mreuddwyd
Imi'r ydoedd man fel nefoedd;
Pob rhyfeddod yno'n hanfod,
A'r hen ddaear hon oedd ieuanc;
A'm cyfoedydd yn y coedydd,
Mi ganfuum a gwybuum
Ryfeddodau lledrith fodau;
Y pryd hynny, nid oedd synnu
Eto'n wendid nac yn ffoledd,
Namyn coledd pob rhyw lendid
A rhyfeddod ar a fyddai.

Byddai yno bob eidduniad—
Yno gwelid llun ag olion
Mwyn hudolion, man y delid;
Ôl y Tylwyth Teg yn gylchau,
Sôn ysbrydion bro unigrwydd;
Seiniau meinion tannau mwynion
Nas clyw unblaid onid enaid
Na ŵyr lithio na rhagrithio,
Na difwyno, na difenwi,
Namyn hanfod mewn rhyfeddod
Fyth yn dirion ac yn wirion.

Gwirion hefyd oedd y gware
Hwyr a bore fyddai yno,
Lle bu genni dan ganghenni

Fan a garwn, fwyna goror,
Dan dlws wead dulas ywen,
A lawnt werddlas yn ei gwmpas;
Yno a'r manod ar y mynydd,
Gwelais glaerwyn Glychau Mebyn,
A gwrandewais oni chlywais
Hwy yn canu i'm diddanu,
Emau gwynion, am y gwanwyn.

Wanwyn, pan ddôi addwyn ddyddiau,
Galwai'r blodau at ei gilydd,
Torrai gloau eu trigleoedd,
O'u tywyllwch neidient allan;
Dôi Briallu yno i wenu,
Coch a gwyn a brith a melyn;
Briallu Mair ym môn y clawdd,
A'r Geden Werdd a'r Gadwyn Aur;
Ac wrth y ddôr yn swil ymagor,
Rhos bach gwynion a melynion;
Dail Cyrn hirion, gloew-wyrdd, irion,
Hen Ŵr peraidd ger y pared,
Mwsogl hefyd, Mwsg a Lafant,
A Drysïen draw, a'u sawyr
Gyda'r hwyr yn brwysgo'r awyr;
Ffiled Fair yn rhuban disglair,
Rhes fach fain o Falchder Llundain,
Hwythau'r Cennin Pedr yn edrych
Yno megis sêr disberod,
Haid, am ennyd wedi mynnu
Gado'u rhod am goed yr adar.

Adar To, fe ddeuent yno,
Gnafon bach na bu ddigrifach,
Yn lladron hy o gylch y tŷ,
Neu yn y llaid yn chwarae'n llon—
Diau, gwarthus digio wrthyn
Rhag digrifed fydd eu gweled!
Dacw fo o dan y bondo
Yn llygadu a phen-gamu,
Ac yn rhegi'r ci neu'r hogyn
Draw a oedodd ei ladradau!
Bod rhwng dynyn ag ederyn
Yw Llwyd y To, lle bynnag y bo,
Hy ysbeiliwr, ymrysonwr,
Dewr ei fenter, budr ei fantell;
Doed a ddêl, bydd ef ddiogel,
Bwyd a fynn, doed byd a fynno.

Yno, rhwydd y dôi Bronrhuddyn
At fy nhroed o gwr y man-goed;
Nid un hy oedd ef er hynny,
Ond un diddig a charedig,
A gwaed Iesu ar ei fanblu,
Am fod iddo, gan dosturio,
Dynnu'r pigau llym eu blaenau
Â'i ylfin main o'r goron ddrain.

Hyd y llwyn dôi Llinos Felen,
Ac o bell y Brith ei Asgell;
Yntau'r dewryn o Benlöyn,
Main ei wich a chwim ei adain;

Bronfraith falch, amheus Fwyalchen,
Mwyn gantorion tiroedd anial,
A'u celfyddyd yn eu rhyddid,
Nid i blesio nwydau blysig
Na difyrru nwyd oferedd,
Onid awen na fynn dewi,
Nwyd gynhenid cân ei hunan.

A'r Dryw ar dro, gwibiai heibio,
Bach fel ewin, doeth fel dewin,—
Clywsoch sôn am ei orchestion
A'r adar gynt yn fawr eu helynt
Am gael un yn frenin arnyn;
Canys gan y côr bu gyngor
Mai a hedai uchaf fyddai
Deyrn nifer adar nefoedd.

Daeth yr adar fore cynnar,
Taer ymroesant i'r ymryson;
Croch aflafar oedd eu trydar,
Rhai yn fuain ar yr adain
O'u mawr hyder ar ehedeg;
Eryr araf, tëyrneiddiaf,
Yn ddidaro y daeth yno;
Ar eu hôl yn falch, hamddenol,
Urddasolaf ymddyrchafai;
Yntau'r Dryw ar dro'n ei ganlyn,
Nid ymhell, ond ar ei ddichell;
Araf, araf, dringai'r Eryr,
Yntau'r Dryw o'i grefft a'i ystryw,—

Neidio ar fyrder heibio'r Eryr,
Yna disgyn arno'n ysgafn
Heb gynhyrfu arno bluen;
Pan ddiffygiodd yntau, safodd—
Ni welai un ond ef ei hun
Yn herio holl oleuni'r haul,
A'r rhai eraill fel rhyw werin
Unradd, iso'n ofer ddwndro;
Meddai'n ffraeth: "Myfi yw'r pennaeth!"
Ond ar ei draws dywedai'r Dryw:
"Myfi fy hun yw'r uchaf un!"
Ac ar hynny, naid i fyny,
Yntau'r Eryr syn yn suddo,
Mwy heb egni yn y glesni!
Felly'r Dryw, o nerth ei ystryw,
A fu'r un a roed yn frenin.

Ambell dro, fe ddeuai yno
Wylan Fôr, un wen fel mynor;
Troellai'n gain ag union adain,
Landeg riain, gynt, o'r dwyrain,
Am a garai y galarai;
Am ei foddi, trwm a fyddai
Hi, a thrigai'n eitha'r eigion,
Onid aeth ei henaid hithau
Yn Fôr Wylan i fawr wylo
Ac i gwyno fyth amdano.

Ac o'r coedydd gyda'r hwyrddydd,
Clywem gwynfan y Dylluan,

Cri grynedig, ddychrynedig,
Nes bod gwrtheb cerrig ateb
Yn dynwared nâd anwiredd
Brad Blodeuwedd pan fu ddiwedd
Llew Law Gyffes, wrth yr hanes,
Gynt ym mhellter hen amseroedd,
Pan oedd hud ar wlad ein tadau,
Celfyddydau, rhyfeddodau,
Rhwng-dau-olau duwiau daear.

A phan wisgai Mai ei lifrai
Am y llwyni, a meillionos
Hyd y gweunydd, clywem beunydd
Gân y Gog o gors a mawnog,
Fel y canai pan wrandawai
Llywarch Hen yn brudd ei awen
Ar ei llafar, yn ei afar
Am ieuenctid a syberwyd
Bore bywyd byr a buan!

Clywem hidlo cwlwm odlau
"Oriau hyder yr ehedydd"
Megis Dafydd, fore hafddydd,
A'i awenydd mewn llawenydd;
O'i lwyd dalar, mor ddi-alar
Y cychwynnai ar ei siwrnai;
Fry y dringai, oni wingai
Megis pelen euraid felen
Yn eithafoedd glesni'r nefoedd;
Gwawl yr haul yn wreichion araul

Rhagddo'n neidio gan danbeidio,
Yntau'n gwingo ac yn dringo
Ysgol anwel llys goleuni;
Ysblanderau'r eangderau
Erddo'n agor, yntau gerddor
Berw ei nwyd, yn bwrw ei nodau
Yn blethiadau, yn gawodau
O gryndodau a gweadau;
Hynt cynghanedd ar adanedd,
Awyr donnau arawd enaid;
Dagrau hyder digrëedig,
Hanfod musig, cynfod mesur;
Wedi ei dewi yn y glesni,
Diau wenu Duw ei hunan!

A phan ddôi nos ar hyd y rhos,
Ag awel hwyr, o gilio haul,
Ar ryw naid fel main uchenaid
Neu fyr ebwch ofer obaith,
Gan drengi'n llesg ymhlith yr hesg
Ym min y llyn neu 'môn y llwyn,
Cri fach grin a thrist fel chwerthin
Gŵr a chwarddo fel nad wylo:
Perthi'r drain fel pe dan liain,
Neu dan drochion blodau gwynion;
Hwythau, syberw flodau'r Erwain,
Yn dyrchafu'n dorchau hufen,
Neu ferw ewyn ton a friwier,
A'u pêr sawyr lond yr awyr,
Nes marw-huno bro a'i brwysgo;

Clywid canu Eos Benddu
O'r llwyn eithin ir lle nythai,
Fel dyfeisiau mil o leisiau,
Galwad uchel, ateb isel,
Bwrlwm crych, fel ffrwd ar greigrych,
A berw buan a thaer chwiban,
Fel pe mynnai, oni chanai
Adar dydd i'r fernos lonydd,
Ganu iddi'n eigion heddwch
Gerddi pob un â'i phig ei hun!

Yn ei hôl y deuai'r Wennol,
Gwedi hirdaith dros fôr diffaith;
Prysur fyddai'n cludo'r clai
A phluf a rhawn, yn ddiwyd iawn,
I'r hen hafod tan y bargod,
Lle bu fagu llawer teulu
O'i hynafiaid hi yn ufudd;
Yn ei thro, dôi hithau eto,
Heb un neges yn ei hanes
Namyn gwynfyd magu bywyd,
Heb ymboeni am ei bennod,
Dim o'r byd ond byw ei bywyd.

A'r Brain hwythau, ddiwyd lwythau,
Oedd â'u trigfa yn y wigfa,
Adref deuent a chwedleuent
O'r canghennau uwch ein pennau
Am eu llafur ym mhellafoedd
Tir eu gwlad, er glas y bore.

Clywais yno gyngor cryno,
Llys a rhaith a dadl ac araith,
Gwrando cwyn rhag un fu anfwyn,
Un nad ufudd dan eu defod,
A'i alltudio oddi yno,
Fel ym mywyd dynion hefyd.

Hon, fy mranes oedd â'i hanes
Megis honno gynt oedd eiddo
Dewr fab Urien; minnau'n unben
Arni hithau i'm terfynau;
'Roedd yr osgordd ysgafn, lathraid,
Yn gyfrwyog feirch adeiniog,
A marchogion eurdorchogion
Arnynt hwy uwchben yn tramwy;
A golau'r hwyr wrth gilio'r haul
Yn toi eu heirf â rhamant aur;
A'u hadanedd yn ymdonni
Mor osgeiddig a mawreddig!
Nid oedd elyn fry i'w canlyn,
Eiddynt ryddid nas gorfyddid—
Meddwl dyn a chorff ederyn!

A'r hen afon lafar, nwyfus,
Y ddwyfolaf, ddihefelydd
Dan y rhod am bob rhyfeddod!
Er gweld gloywder gwledydd estron,
Arian li yn byw wreichioni
Ar feini glain dan haul y Dwyrain,
Un ni welais cyn anwyled,

Un rhyfeddod ni orfyddai
Ar afonig dyddiau diddig
A di-alaeth fy mabolaeth.

Unwaith yno, tan y tyno,
Gwelais swyno'n oer glysineb
Ddwfr yr afon, a'r coed mafon,
Hwythau'r drysi mân a'r gwerni
Gyda'i glan a'i grisial raean;
Mi ni wyddwn beth fu iddi,
Ond ei rheibio wrth fynd heibio
O ryw ddewin mawr ei ddeall—
Toi ei llynnau â gwydr golau,
Ac ar hwnnw, o'i gywreinwaith,
Luniau manddail, coed a gwiail,
Cawn a rhedyn, cenn a rhidens;
Blaen pob draenen megis caenen
O arian byw, neu rawn o berl;
Manblu arian, mân bileri,
Oer we wydrin am raeadrau;
Yntau'r lli o dan ffenestri
A roed trosto, i'w weled yno
Yn ymrwyfo'n chwim a rhyfedd,
Gan ryw gwyno rhag ei swyno
Gan y dewin gwyn a dieithr!

Yna gwelais, a rhyfeddais,
Gilio'r dewin gwelw o'r diwedd,
Aeth un hwyr a'i rwysg a'i rysedd,
A diflannu'n fud, fel enaid;

Chwarddai'r afon, dawnsiai'n drochion,
Llithrai'n heini rhwng y meini,
Ar y gwiail bwriai gawod
Gan ddylifo'n gân oedd lafar,
Wedi diosg hud y dewin.

Ar y brigau gwelais innau
Ysto werdd yn osio tarddu,
Dim ond amau rhwng y brigau
Weu rhyw darth yn rhwydi wrthynt.

Yno beunydd gwyliais gynnydd
Y rhyfeddod oedd yn dyfod;
Am y gwiail yr ymgaeai,
Prifiai, cydiai am y coedydd,
Tynnai lwyni tan ei linyn,
Nes bod pobman tan ei hugan
I gyd yn frwysg dan ferw o wyrdd.

Yna, i'w rin y daeth y dewin,
Hael ei law a'i fil o liwiau;
Drwy y gwyrdd y bwriodd filmyrdd
O'i gywreinion i goroni
Ei haelioni a'i lawenydd.

Yno'n llu y rhoes Friallu
Megis sêr o'r glas uchelder;
Ar y crynlle, Crinllys Gwylltion,
Megis haid o leision lygaid;

Clychau'r Gog yn rhesi gwyrog,
Blodau'r Gwynt, a gwelwed oeddynt!
Yntau, loywgain Lygad Ebrill,
Fel dafn aur tawdd ar fôn y clawdd;
A'r perthi a'r drain yn firain we
O borffor wrid a glendid gwyn.

Ar y llethr y llathrai ffynnon,
Gloyw oedd fel haul y nefoedd;
Helyg melyn a braith gelyn
Yn ei thoi, a thair eithinen;
Ar y ffin 'roedd Gwaew'r Brenin
Bob yn ail â'r Clychau Bugail;
Cennin y Brain a brwyd o Erwain;
Llannerch las oedd yn ei chwmpas,
Llwybyr troed oedd rhwng y man-goed,
Rhedyn mân ym min y geulan;
Yno hidlai y Fanhadlen
Olud eiliw mêl y diliau,
A su'r gwenyn, ddiwyd emyn,
Yn ei brigau megis lleisiau
O eithafoedd pell ganrifoedd,
Neu leferydd anwel feirwon
Ar ein clustiau weithiau'n torri
O baradwys, trwy barwydydd
Eangderau a phellterau,
Fel hudoliaeth rhyw beroriaeth
A bair lawio dwys bêr lewyg
Ar ddyn i gyd, gorff ag ysbryd,
Nes bod iddo, ennyd, rodio

Gam tros ffiniau byd, i riniau
Nef, ar alwad anfarwolion.

O! mor dirion dŵr y ffynnon,
Islaw y tir, fel grisial tawdd,
Neu lyn o hoyw oleuni haul
A ddaeth isod, ar ddisberod,
A heb ado, aros yno
Gan ei draserch at y llannerch;
Er i lewych araul huan
Chwarae'n rhydd a'i bwrlwm beunydd,
Gweu ei olau hyd ei gwaelod,
Araf droi yn aur fodrwyau;
Troi ei gofer, rhwng y cerrig,
Fel yn euraid felen aerwy
Er ei thynnu eto i fyny
Ato ef i'w hen gynefin,—
Yno'r ery, fyth y pery
Yn llygad nef holl goed y nant.

Ffynnon fau, un fodd wyt tithau
Â honno gynt oedd enwog iawn,
Ym mro ddedwydd Horas brydydd,
Gynt pan ganai'n gynnil iddi
Emyn disathr ym Mandwsia;
Chwaer wyt hefyd iddi hithau
Oedd yn Erin addwyn oror,
Gynt ar lannerch Traeth y Ddwyferch,
Lle bai lawen wledd ac awen,
Neu y cysgai Ffinn ac Osgar

Yno'n dawel wedi hela
Hydd y mynydd maith ac unig.

Pell oedd hynny! Cyn i synnu
Ado'r byd i'r balch a'r sythfryd;
Cyn galw mwynder yn beth ofer,
Gwadu gwerth pob hen-goel brydferth,
Cyn i ddiawl y llog a'r llwgu
Dynnu bywyd dan ei bawen.

Eto, yno, yno unwaith,
Gwelais fywyd glwysaf awen,
Yfais neithdar duwiau daear,
Duwiau breuddwyd y boreddydd.

PENMON

I W.J.G

Onid hoff yw cofio'n taith
Mewn hoen i Benmon, unwaith?
Odidog ddiwrnod ydoedd,
Rhyw Sul uwch na'r Suliau oedd;
I ni daeth hedd o'r daith hon,
Praw o ran pererinion.

Ar dir Môn, 'roedd irder Mai,
Ar ei min, aerwy Menai
Ddillyn yn ymestyn mal
Un dres o gannaid risial;
O dan draed 'roedd blodau'n drwch,
Cerddem ymysg eu harddwch;
E fynnem gofio'u henwau
Hwy, a dwyn o'r teca'n dau,
O'u plith, ond nis dewisem,—
Oni wnaed pob un yn em?

Acw o lom graig, clywem gri
Yr wylan, ferch môr heli;
Hoyw donnai ei hadanedd,
Llyfn, claer, fel arfod llafn cledd;
Saethai, hir hedai ar ŵyr
Troai yn uchder awyr;
Gwisgi oedd a gosgeiddig
Wrth ddisgyn ar frochwyn frig

Y don, a ddawnsiai dani;
Onid hardd ei myned hi
Ym mrig crychlamau'r eigion,
Glöyn y dwfr, glain y don.

A'r garan ar y goror,
Draw ymhell, drist feudwy'r môr;
Safai'r glaslwyd freuddwydiwr
Ar ryw dalp o faen, a'r dŵr,
Gan fwrw lluwch gwyn ferw y lli,
O'i gylch yn chwarae a golchi;
Yntau'n aros heb osio
Newid trem, na rhoi un tro,
Gwrandawr gawr beiston goror,
Gwyliwr mud miraglau'r môr.

Cyrraedd Penmon ac aros
Lle taenai'r haf wylltion ros
Ar fieri'n wawr firain,
A gwrid ar hyd brigau'r drain.

Teg oedd y Mynachdy gynt,
Ymholem am ei helynt,
Ag o'r hen bryd, ger ein bron,
Ymrithiai'r muriau weithion;
Berth oedd waith ei borth a'i ddôr,
A main ei dyrau mynor;
Nawdd i wan ei neuadd o,
A glân pob cuddigl yno;
Meindwr y colomendy

Dros goed aeron y fron fry
Yn esgyn i hoen ysgafn
Wybren lwys, fel sabr neu lafn;
A than y perthi yno,
A nennau dail arno'n do,
Hun y llyn hen yn llonydd
Is hanner gwyll drysni'r gwŷdd.

Ar y ffin 'roedd oer ffynnon,
Ag ail drych oedd gloywder hon;
Daed oedd â diod win
Ei berw oer i bererin.

Ac yna bu rhyw gân bêr,
Ym mhen ysbaid, mwyn osber;
Cyweirgerdd clych ac organ,
Lleisiau cerdd yn arllwys cân
I lad nef, gan Ladin iaith;
Ond er chwilio'r drych eilwaith,
Mwy nid oedd namyn y dail
Prydferth hyd dalpiau'r adfail,
A distawrwydd dwys tirion—
Mwy, ni chaem weld Mynaich Môn!

HYDREF

Gwelais fedd yr haf heddiw,—
Ar wŷdd a dail, hardded yw
Ei liwiau fyrdd, olaf ef,
Yn aeddfedrwydd lleddf Hydref.

Ar wddw hen Foel Hiraddug,
Barrug a roed lle bu'r grug;
A thraw ar hyd llethr a rhos,
Mae'r rhedyn fel marwydos
Yn cynnau rhwng y conion,
A than frig eithin y fron.

Rhoddwyd to o rudd tywyll
Ag aur coch hyd frigau'r cyll;
Mae huling caerog melyn
Wedi'i gau am fedw ag ynn,
A'r dail oll fel euraid len
Ar ddyrys geinciau'r dderwen.

Ba wyrth wir i'r berth eirin
A fu'n rhoi gwawr ddyfna'r gwin,
A rhudd liw gwaed ar ddail gwŷdd
Gwylltion a drain y gelltydd?
O drawster Hydref drostynt,
A waedai'r haf wedi'r hynt?
Ai ufudd oedd ei fodd ef
Wrth edryd i wyrth Hydref
Orau rhwysg ei aur, a rhin
Ei flasus rudd felyswin?

Edrych, er prudded Hydref,
Onid hardd ei fynwent ef?
Tros y tir, os trist ei wedd,
Mor dawel yma'r diwedd!
Nid rhaid i Natur edwi
Yn flin neu'n hagr, fel nyni;
Onid rhaid Natur ydyw
Marw yn hardd er mor hen yw!

BREUDDWYDION

I T.O.J.

Mi glywaf o'm ystafell
Ofid calon beiston bell
Yn wylo oesol alaeth
Ar wyw, drist, ddigysur draeth,
Heno, a mi fy hunan,
O hiraeth tost wrth y tân,
Yn ôl yn olrhain helynt
Dau oedd gu, y dyddiau gynt.

Ai mwyn hun Menai heno,
Ai ton greg sy'n tynnu gro
I'w maith hwrdd anesmwyth hi,—
Storm oer drist o'r môr drosti?
Neu a ddaw maith floedd y môr
I'th anfon dithau, Wynfor,
Er edrych lle bu rywdro
Rywun fu ran o'r hen fro?

A glywi uchel helynt
Tyrrau'r gaer yn torri'r gwynt
Onid yw ei erwin dôn
Mal llais brad mall ysbrydion?
A ddaw'r glaw'n gynddeiriog li
O oror oer Eryri,
Yn ddŵr glas trwy ddôr y glyn,
Lle mae'r gwyll ym mro Gwellyn?

Neu a hyrddir ei harddwch
Heno i lawr, fel arian lwch,
A'i ronynnau draw'n ennyn
Uwch brig coed, fflach barrug gwyn?

Neu a hun anian heno
Heb na thrwst uwchben, na thro
Awel unwaith drwy lwyni
I beri un sŵn byr na si?
A gyfyd tarth rhag afon
Er gwisgo tir? A gwsg ton?
A rydd llewych hardd lleuad
Arian lif ar hun y wlad?
A huna'r byd un awr bach
I roi'i le i'r awr loywach,—
Y breuddwyd na bu roddi,
Ar ddihun awr, oedd i ni
Mor bêr—tra bo ddim o'r byd,
Honno biau hoen bywyd!
Byd na bo ydyw'n bywyd,
Bywyd na bo ydyw'n byd!

Dithau, fy nghymrawd, weithion,
A glywi di lef y don
Yn dywedyd ein didol,
Na ddaw ein hen ddyddiau'n ôl,
Namyn yn llwyd freuddwydion?—
A! dristed wyd, drwst y don!

UNWAITH DAW ETO WANWYN

Unwaith daw eto wanwyn
Dolau glas a deiliog lwyn,
A gwe o liwiau gloywon
A wisg frig mân wrysg y fron;
Goleuni haul glân a'i hud,
Geilw eilwaith ddirgel olud
Y bywyd a fu'n huno
Ennyd yn grin dan y gro;
A phêr fydd cân ederyn
O'i werdd glwyd ar ffridd a glyn,
A'i ddibryder leferydd
Fel rhyw dwf o olau'r dydd!

Hen iawn yw hyn a newydd,—
Er hyned, ifenged fydd!
Yn ôl y gwanwyn olaf,
A ddaw i ddyn ddyddiau haf?

DRAOIDHEACHT

I TÓRNA

I

Golau drem a gloywder iaith,
Hoen calon ieuanc eilwaith,
Ail eni hen ddwyfol nwyd
A wnâi bridd yn iawn breuddwyd,
A byw glân ddiddan ddyddiau,
Yn ddyn rhydd, heb ddwyn yr iau.

II

Undydd o haf ydoedd o,
Deufrawd o amgen dwyfro;
A medr y grefft, medi'r grwn,
A harneisio'r carnasiwn;
Adrodd chwedl, diwreiddio chwyn,
A thrwsio'r perthi rhosyn;
Eistedd a mygu'n astud
Ymhell o boen mall y byd;
Am ennyd lwys, mynd o'i laid
I nefoedd ein hynafiaid;
Edfryd hoen a gwynfyd gwâr
Tirion ddau'n trin y ddaear.

III

Gwres heulwen deg risialaidd,
Dail, wybr wen heb anadl, braidd;

Grŵn gwan, pan gronnai gwenyn
O flodau'r haf fêl drwy'u hun;
Nodau mân y piano
Drwy y drws o dro i dro;
Maith, araf, esmwyth oriau,
Swyn oedfa nos yn dyfnhau;
Taran draw yn torri'n drom,
Llewych tres lluched trosom;
Ond am fyd, na dim a fo,
Ni synnir, canys heno,
O enaid un, dir nad â
Nwyd bêr "Mairin de Barra".

IV

Owmal haul am li heli;
Iasau o liw is ei li;
Peintio'r drum a'r pentir draw
A'i ddihalog gudd ddwylaw,
Yr oedd rhyw ysbryd, a'i rin
Am ororau môr Erin;
Hithau'r dref a'i thai ar dro,
Dan haen o hyd yn huno,
Ag ynys greigiog, unig,
Yn hun drom y nawn a drig;
A dau fry—a difyr oedd,—
Wrth ddrysau gwyrth yr oesoedd,
Yn gwrando yno ennyd
Ar ddewin clêr bore'r byd
Yn deongl enaid awen

Ynys hud a'i hanes hen,
Hen gyfoeth hoen a gofwy
Y dyddiau gynt iddynt hwy—
Awr heb wae o oriau byd,
Awr a fu braw o fywyd!

Y BEDD

"Nox est perpetua una dormienda."
—CATULLUS.

Y Bedd, ddu annedd unig, ynot ti
  Is tawel ywen frig, mae huno mwyn;
  Angof a ddaeth ar ing fu ddig, a chŵyn;
Arefi bob rhyw ryfig; nid oes gri
A gyrraedd trwy dy gaerau, mwy na si
  Mân sôn yr awel frau ym mrig y llwyn;
  Ni ŵyr dy dduon oriau unrhyw swyn
Na hwyl a bair fwynhau ein horiau ni;
Cariad nid yw yn curo dan y fron,
  Nid edwyn frad a fo yn d'angof maith;
Drwg wŷn ni odrig yno, lleddf na llon,
  Un dawn nid oes dan do yr argel llaith;
Dim,—oni roed mai yn yr adwy hon
  Y daw ar ddyn freuddwyd nad edrydd iaith!

DYN A DERWEN

Hwyrddydd haf, dan des yr awyr rywiog,
   Bywyd ar ei eithaf yn y fan,
Chwarae'r ydoedd llanc penfelyn bywiog
   Dan ganghennau derwen fawr y llan.

Chwarae wnaeth y bachgen nes ei flino,
   Yna, distaw orwedd ar y llawr;
Gwelodd gainc o'r dderwen wedi crino,
   Meddai: "Faint yw d'oed di, dderwen fawr?"

Hwyrddydd haf dan wybren glir dymherus,
   Bywyd eto fyth yn llenwi'r fan,
Eiste'r ydoedd henwr yn flinderus
   Dan ganghennau derwen fawr y llan.

Mawr yr oedd yr henwr wedi blino,
   Distaw y gorweddodd ar y llawr;
Meddai: "B'le mae'r gainc oedd wedi crino?
   Ieuanc ydwyt fyth, O, dderwen fawr."

Heno, hun yr henwr yno'n dawel,
   Mae ei garreg fedd yn ddarnau'n awr;
Ond mae'r dail yn dawnsio yn yr awel—
   Beth yw dyn i ti, O, dderwen fawr?

Y GENNAD

Collais fy ffordd wrth grwydro
   Ymhell o'm cynefin dir,
Collais fy ffydd wrth frwydro
   A'r gau sydd yn cuddio'r gwir.

O waelod anobaith, llefais
   Am olau ar dynged dyn,
A'r unig ateb a gefais
   Oedd atsain fy llef fy hun.

Dywedais yn flin nad ydoedd
   Bywyd yn werth ei fyw,
Mai damwain oedd bod a bydoedd,
   Mai breuddwyd dyn ydoedd Duw.

Chwerddais rhag gorfod wylo
   Am nad oedd un dim ond nacâd;
Teimlais law fach im anwylo,
   A llais bach yn galw "Fy Nhad!"

Gwelais ryw wawr o'r hyn ydoedd
   Mor wir yn fy more iach—
Os mud ydyw'r nef a'r bydoedd,
   Mae Duw ym mhob plentyn bach.

DAEAR A NEF

ER COF AM FY MRAWD

Hir wyliai chwaer, un noswaith ddu,
  Wrth wely angau brawd;
Un arall yno'n gwylio a gaid
  Nas gwelai llygaid cnawd.

O bang i bang, gwanycha'i gŵyn,
  A'u dwyn yn hwy ni all;
"Mae'n myned," ebr y drist ei gwedd,
  "Mae'n dyfod," medd y llall.

Un cryndod hir, un isel nad,—
  Dduw Dad, lonydded yw!
Medd merch y ddaear, "Marw yw ef!"
  Medd merch y nef, "Mae'n fyw!"

Y CYFARWYDD

ER COF AM W.J.

Dau lygad loywon, ag wyneb llon,
   Cof oedd lawn o drysorau hen,
Chwerthin huotlach na'i eiriau, bron,
   A rhyfedd ystyr mewn dim ond gwên.

Carai chwedleuon ei dadau gynt,
   Arglwydd oedd ef ar ddiderfyn stôr—
Calon y don a chyfaredd y gwynt,
   Ysbryd y mynydd ac enaid y môr.

Neithiwr, a'i lygaid mor loyw ag erioed,
   Adref o olwg y môr y daeth,
Heb boen hir glefyd, na thristwch oed,
   Dywedodd ei stori, ac yna, aeth.

BARRUG

Mi welais ir gawodau
Y Gwanwyn gynt, a'i flodau,
A'i firain wedd o fore i nawn
Oedd lawn o ryfeddodau.

Mi welais Haf oedd dirion
Yn glasu'r dolau irion,
Heb ddim a dduai heulwen haf
Y dyddiau araf, hirion.

A minnau a'm cymdeithion
I gyd yn brysur weithion,
Fe gwympodd llawer yn eu brys
Ar lwybrau dyrys, meithion.

A doe, pan led arefais,
I gofio'r Haf, mi gefais
Fod Barrug Hydre'n britho'r bryn,
A minnau, syn y sefais!

RHOS Y PERERINION

Pe medrwn ado'r byd a'i bwys,
  Gofidiau dwys a blinion,
Ba le y cawn i noddfa dlos?—
  Yn Rhos y Pererinion.

Er bod trybini lond y byd,
  A'i flodau i gyd yn grinion,
Mae dysg a rhinwedd ddydd a nos
  Yn Rhos y Pererinion.

O fyd y niwl, cyfodi wnaf,
  A hwyliaf ar fy union
Dros fôr a thir a ffin a ffos
  Hyd Ros y Pererinion.

Caf yno fyw dan fendith saint,
  A braint eu glân gyfrinion,
Ac ni ddof byth i dir y nos
  O Ros y Pererinion!

YNYS ENLLI

Pe cawn i egwyl ryw brynhawn,
   Mi awn ar draws y genlli,
A throi fy nghefn ar wegi'r byd,
   A'm bryd ar Ynys Enlli.

Mae yno ugain mil o saint
   Ym mraint y môr a'i genlli,
Ac nid oes dim a gyffry hedd
   Y bedd yn Ynys Enlli.

Na byw dan frad y byd na'i froch,
   Fel Beli Goch neu Fenlli,
On'd gwell oedd huno dan y gŵys
   Yn nwys dangnefedd Enlli?

YSTRAD FFLUR

Mae dail y coed yn Ystrad Fflur
  Yn murmur yn yr awel,
A deuddeng Abad yn y gro
  Yn huno yno'n dawel.

Ac yno dan yr ywen brudd
  Mae Dafydd bêr ei gywydd,
A llawer pennaeth llym ei gledd
  Yn ango'r bedd tragywydd.

Er bod yr haf, pan ddêl ei oed,
  Yn deffro'r coed i ddeilio,
Ni ddeffry dyn, a gwaith ei law
  Sy'n distaw ymddadfeilio.

Ond er mai angof angau prudd
  Ar adfail ffydd a welaf,
Pan rodiwyf ddaear Ystrad Fflur,
  O'm dolur ymdawelaf.

CRINDDAIL

Beth sy'n trydar
　Wrth y drws?
"Crinddail Hydref,
　Ddoe fu'n dlws!"
Och! a glaned
　Fuoch gynt,
Dowch i mewn
　O'r glaw a'r gwynt!

Yn eich glendid
　Ddyddiau gynt,
Cenid eroch
　Gân y gwynt,
Wedi myned
　Awr eich bri,
Gwael oedd troi
　A'ch ymlid chwi!

Pam y daethoch
　At fy nrws?
"Am y carit
　Bethau tlws!"
Och! a glaned
　Fuoch gynt,
Dowch i mewn
　O'r glaw a'r gwynt!

GWENOLIAID

Eisteddant yn rhes
　Ar wifren y telegraff;
Mae rhywbeth yn galw—
　Crynant, edrychant yn graff.

Dechreuant drydar,—
　Mae rhywbeth yn galw draw,
Hir yw'r chwedleua,
　A phob un â'i gyngor wrth law.

Yna cyfodant
　Bob un ar ei adain ddu,
Trônt yn yr awyr
　Uwchben ac o gwmpas y tŷ.

Ânt yn llai ac yn llai,
　Toddant yng nglesni'r ne;
Yfory, gorffwysant
　Yn dawel yn heulwen y De!

AR Y FFORDD

(Yn Iwerddon)

Bore da, syr, a roech chwi flewyn
   O faco i greadur tlawd?—
Mae o'n dda at dorri newyn
   Pan fo dyn yn ddrwg ei ffawd.

Diolch yn fawr, syr; pe bawn i
   Yn clywed eich holi, ddydd brawd,
Mi dystiwn, yn wir, pe cawn i—
   Rhoes faco i greadur tlawd.

ERYRI WEN

Eryri wen, Eryri wen,
  Hen gaer fy nhadau gynt,
Yn huno dan yr heulwen lân
  Yng nghân yr awel wynt;
    Pan fo'r dydd yn hir,
    Yn yr wybren glir,
  A'r goleuni ar dy ben,
Mynnwn huno yn dy dirion des
  Am byth, Eryri wen.

Eryri wen, Eryri wen,
  Dan gannaid eira oer,
Yn huno yn yr heulwen lân
  Neu olau'r welw loer;
    Pan fo'r nos yn hir
    Hyd yr wybren glir
  Y cyfodi di dy ben;
Mynnwn huno yn dy oerni glân
  Am byth, Eryri wen.

BREUDDWYD DAFYDD RHYS

I

Un nos Nadolig gynt,
Drwy eira mawr a gwynt,
Y cerddai hen delynor dros y mynydd yn flin;
Y nef oedd ddu ac oer,
Heb seren fach na lloer,
Na hanes yn yr anial am na chysgod na ffin;
A'r esmwyth eira mân,
Mor oer, mor wyn a glân,
Yn disgyn o'r wybrennau,
Fel tynged o'r nennau
I fferru'r gwythiennau
Fu gynt yn llawn o dân
Yn nyddiau mwyn ieuenctid a gwynfyd y gwin.

II

A'i flinder ef yn fawr,
Gorweddodd ar y llawr,
A'i lygaid yn diffygio gan ryw syrthni mor syn;
A chlywai felys gân,
Fel pe bai'r eira mân,
Bob pluen wen yn canu yn y gwagle oer gwyn;
A mwyned oedd y gân,
Nid oer yr eira mân,
A swyn y gân a'i synnai,
A gwrando a fynnai,

    A'r breuddwyd a'i tynnai
    I ganlyn nwyf y gân,
I ddawnsio gyda'r eira yn y gwagle oer gwyn.

III

    Daeth dros ei wyneb wên,
    Ni theimlai mwy yn hen,
Anghofiodd bob blinderau a gofidiau, bryd hyn;
    A'r esmwyth eira mân
    Oedd drosto'n amdo lân,
Ac yntau yn breuddwydio wedi'i swyno yn syn;
    Ni welai ddim o'r byd,
    Fe aeth yn glyw i gyd,
        A'r canu yn ei dynnu,
        Ei swyno a'i synnu
        I fyny, i fyny,
    Mewn hoen o boen y byd,
I ddawnsio gyda'r eira yn y gwagle oer gwyn.

CHWALU

Mae'r nos yn drom a distaw,
  A phentwr o waith ar y bwrdd;
Paham na fedrwn i weithio?—
  Aeth rhywun, a rhywbeth, i ffwrdd.

Blinodd a phallodd fy llygaid,
  Peidiodd pob peth â'i dwrdd;
Paham na fedrwn i gysgu?—
  Aeth rhywun, a rhywbeth, i ffwrdd.

Daw rhywun yn ôl dro eto,
  Nid hir na chawn eilwaith gwrdd;
Paham na bawn megis y byddwn?—
  Aeth rhywbeth, am byth, i ffwrdd.

PELYDRYN

Rhedodd allan o ryw lôn gefn gul,
   Yn bennoeth, drwy'r gwynt a'r glaw;
Gwallt bach melyn, a llygad glas;
   Balŵn fach wrth linyn yn ei llaw.

" Datod!" meddai, a'i phen bach yn gam,
   Ac estyn y belen i mi;
Cwlwm go ddyrys, ond daeth yn rhydd
   Ymhen rhyw ddau funud neu dri.

Un wên a gefais, fel heulwen haf,
   Ac yna, i ffwrdd â hi;
Byr fydd ei chof am y peth, mi wn,
   Ond byth nid anghofiaf i.

GYNT AC ETO

I W.E.

I lawr wrth hen felin Bodrual
   Y gwelwyd y marchog gynt,
A'i darian a'i gledd a'i gorn bual,
   A'i bennwn yn gweu yn y gwynt.

Fe'i gwelwyd un waith wedi hynny
   Wrth Eglwys Lanfaglen, ryw hwyr,
Ag ewyn y môr yn melynu,
   A'r Eifl fel rhyw garnedd o gŵyr.

At felin Bodrual bed elid
   Yn ôl wedi hirfaith hynt,
Neu Eglwys Lanfaglen, a welid
   Y marchog a welwyd gynt?

RHOSYNNAU

Wrth weled blodau'r Rhododendra gwynion yn sefyll, a'r lleill wedi syrthio, Cwm Cynfelyn, Mai, 1923.

Greso i bob gwiw rosyn
Sy'n y cae, rhosyn coch a melyn,
 Ond, pe prisid pob rhosyn,
 Rhoeswn gant er rhosyn gwyn.

GLAW YM MAI

Cnufau cymylau fel mur
Adwyog rhwng daear ac asur,
 Dioglyd fôr nad eglur,
 Llyfn oedd ef fel llafn o ddur.

YR ENGLYN

Di-wall we'r deall a'i waith,
Dil moddus yn dal meddwl perffaith;
 Cain lurig cynnil araith,
 Enaid byw cywreindeb iaith.

O WAITH BLAKE

Ni byddai bur dosturi
Yn y byd oni bai drueni
  Nag am drugaredd weddi
  Be bai'n ail ar bawb i ni.

Gweled nef ym mhlygion blodyn,
Canfod byd mewn un tywodyn,
Dal mewn orig dragwyddoldeb,
Cau dy ddwrn am anfeidroldeb.

YNO

Gwelais long ar friglas li,
A'r heulwen ar ei hwyliau'n gloywi;
  Awyddwn am fynd iddi—
  Oes a ŵyr ei hanes hi?

Gwelais dud drwy glais y don
A'r heulwen ar ei haeliau'n dirion;
  Awn yno, finnau'n union—
  A oes a ŵyr hanes hon?

ATGOF

CYFAILL

Piau'r bedd o dan y pren,
Heb garreg nag ysgrifen?
Pero, puraf tan y nen.

Er ei fwyn, rhof innau dro,—
Pe gwyddai fy mod yno,
Duw! o'i fedd cyfodai fo!

CWM PENMACHNO

Deilos haf yn fedlai sydd
Ar fedw lle bu'r Hafodydd,
A llwch fy nhadau'n llechu
Yn hir o dan yr yw du,
A mi yno am unwaith,—
Un ias fer rhwng dwy nos faith.

ENNYD

Am ennyd, hi a minnau.
Yna dim o'n hôl ein dau.

AM BYTH

Un did o wynfyd ydoedd,
Mwy na dim a unwyd oedd;
O thorrai afiaith wirion,
Duw ni all aduno hon.

RHY LÂN

A! fyrred fu ei horiau,
Rhy bur oedd i hir barhau;
Gan nad oedd gnawd a'i haeddai,
Er ceined ef, o'r cnawd âi.

COF AC ANGOF

Os ing hir y sy yng nghof,
Hwy yw'r ing yn nhir angof,
Ar ei dro pan gerddo gof
Orsingau dyrys angof,—
Yr ing am na rôi angof
O'i ddyfnder cudd fwynder cof!

NATUR

HAF

Nod ei rwysg a'i lawnder ef
A'i ddiwydrwydd oedd Hydref.

RHOSYN HWYR

Di, rosyn hwyr y drysi,
Ai rhaid oedd dy ddeffro di
I'th ddeifio'n aberth ofer
I ias fain rhyw un nos fer?

BRIALLEN GYNNAR

" Briallen draw gerllaw llwyn,
Yn unig ni wna wanwyn,"—
Os hynny, dewis wanwyn
A mwdwl iâ am dy lwyn.

GLÖYN BYW

Doe gwelais gyda'i gilydd
Ddau löyn gwyn rhwng y gwŷdd;
Ai deuddyn yn mynd oeddynt
Heibio er gweld hen lwybrau gynt?

GWENNOL

Y wennol, dywed inni
Ar y daith i ble'r ei di?
A myned, pam, y wennol,
Y doi i'th hen nyth dithau'n ôl?

BYWYD

Da a bai ydyw bywyd,
Heb dda a bai ni bydd byd.

Pa beth ydyw byw a bod?
Nwyd ofer, yna difod.

Cywir hanes byd cryno
Fyth o raid yw twf a thro.

Ofered oedd y fer daith—
Anwyled gael hon eilwaith!

Brwydro'n lew am ffydd newydd,
Ar hynny ffoi i'r hen ffydd.

Onid gwell un Pab bellach
Na degau o babau bach?

Difa o dafod bob defod,
A dyfod defod o dafod.

Cot ffwr Cati a'i ffroc gwta—
Drysu dyn dirodres da.

Na thraetha'n lew dy newydd—
Onid oedd hen cyn dy ddydd?

Gwylied a ddywed ddeuair
Rhag ofn mai ofer rhoi gair.

Ba ddawn well, lle byddo, 'n wir,
Na'n gweled fel y'n gwelir?
Am unwaith pe caem honno,
Dyn ni fâi nad mudan fo.

GWIR A GAU

O dywedi'r gwir didwyll,
Dywed byd nad da dy bwyll.

Oni ŵyr pawb mai gwir pur
Yw popeth fo'n y papur?

Y bryntaf peth a brintir,
Coelia. Nid gwaeth cael nad gwir.

Ofer goel, neu fawr gelwydd,
Coel o fath nas coeli fydd.

E geir Gwell, mewn gwir a gau,
Beth, ai gair, byth, yw Gorau?

O leihau'r bai, gloywir byd,
Heblaw'r bai, b'le'r âi bywyd?

Yn nulliau dyn ni ellir,
Heb rifo ar y gau brofi'r gwir.

DIRGELWCH

Pe gwyddit ti pa beth wyf i,
   Neu fi pa beth wyt ti,
Pe gwyddem hynny, dyna ben,
   Ni byddit ti na mi.

Pan suddo haul ar hwyrnos haf
   I'w wely dros y don,
Fe fydd rhyw hiraeth megis tân
   Yn llosgi yn fy mron.

Mi wn, mi wn pa beth yw hyn,
   Ond ni wn pwy wyt ti,
Ac er y gwyddom hyn i gyd,
   Un dim ni wyddom ni.

Pe gwyddit ti pa beth wyf i,
   Neu fi pa beth wyt ti,
Pe gwyddem hynny, dyna ben—
   Popeth a wyddem ni.

NODIADAU[1] T. GWYNN JONES AR *CANIADAU*

Fe gyflwynodd T. Gwynn Jones ei gasgliad o farddoniaeth a elwir *Detholiad o Ganiadau* (Gregynog) i'r Dr. Thomas Jones, C.H., Aberystwyth. I wneud ei rodd yn gyflawn cyflwynodd iddo hefyd y llawysgrif, gyda'r geiriau hyn: 'I'r Doethur Thomas Jones rhwymwyd y copi ysgrifen law hwn – gydag ymddiheurad bod y dail mor gyffredin – fel arwydd o lawer dyled am garedigrwydd a chwrteisi. T. Gwynn Jones. Rhagfyr, 1926.' Yn y llawysgrif, ar ymyl tudalen neu ar ddechrau neu ddiwedd cân, ceir nodiadau gan yr awdur, yn ei law ddestlus ei hun, nas cyhoeddwyd yn y llyfr. Gosodwyd hwynt i mewn, y mae'n amlwg, wedi i'r argraffwyr orffen â'r llawysgrif. Y mae rhai ohonynt o ddiddordeb neilltuol, a chefais ganiatâd y Dr. Jones i'w cyhoeddi yn y rhifyn coffa hwn. Derbynied ef fy niolch am ei hynawsedd; dyma enghraifft arall o'r caredigrwydd a'r cwrteisi y sonia T. Gwynn Jones amdanynt.

Efallai mai'r nodiadau mwyaf diddorol yw'r rheini sy'n esbonio sut ac ar ba achlysuron yr ysgrifennwyd rhai o'r 'Caniadau'. Cymerer, er enghraifft, gerddi'r Rhyfel Cyntaf. Am 'Madog' dywed: 'Cyfansoddwyd fel rhyw fath ar ddihangfa rhag erchyllterau'r cyfnod. Nid ymddengys fod neb wedi deall hynny ar y pryd!' Nid gwir yw dweud mai 'barddoniaeth dihangfa' yw barddoniaeth T. Gwynn Jones. Yn sicr nid dyn yn ofni wynebu bywyd a ysgrifennodd y 'Caniadau'; darllenwn eto 'Am Ennyd' neu ystyriwn 'Cwm Penmachno' lle y disgrifir hen gartref ei gyn-deidiau:

[1] Codwyd y nodiadau hyn o *Y Llenor*, 1949

> Deilos haf yn fedlai sydd
> Ar fedw lle bu'r Hafodydd,
> A llwch fy nhadau'n llechu
> Yn hir o dan yr yw du,
> A mi yno am unwaith –
> Un ias fer rhwng dwy nos faith.

Ni all neb a adwaenai T. Gwynn Jones feddwl amdano fel un yn cilio oddi wrth fywyd. Ond fe ffieiddiai ddigwyddiadau 1914-18, ac ynghanol blinder y blynyddoedd hynny nid oes amau na chafodd nerth a chysur i'w enaid wrth droi o'r presennol adfydus i orffennol dychmygol rhamantus ei farddoniaeth. Nid yn unig ym 'Madog' y digwydd hyn; dyma hudoliaeth llawer o'r cerddi. Enwaf yn unig 'Ynys Enlli' er tynnu sylw at y nodyn a geir yn y llawysgrif ar waelod y gân. Un o fanteision byw yn Aberystwyth yw cael gweld Llŷn ar hwyrddydd o haf fel rhes euraid o ynysoedd bychain ymhell dros y môr. Fe welodd Gwynn Jones yr olygfa, yn ôl y nodyn, 'o Aberystwyth un prynhawn pan oedd cysgod ar y byd', a chanodd:

> Pe cawn i egwyl ryw brynhawn,
>   Mi awn ar draws y genlli,
> A throi fy nghefn ar wegi'r byd,
>   A'm bryd ar Ynys Enlli.

Ffoi at y prydferth 'pan oedd cysgod ar y byd'. Yn y blynyddoedd hyn hefyd deuai'n ôl am gysur at y gerdd 'Ymadawiad Arthur', ac ychwanegodd ddarnau ati gan feddwl am gyfeillion a laddwyd 'yn ymladd dros fwy nag un wlad'. Yn 'Y Gynneddf Goll'[1] daw poen a siom y

---

[1] 1914-1917 yw dyddiad y gân hon yn y llawysgrif ac nid 1913, '14, '24 fel yn y llyfr.

cyfnod yn fwy i'r golau a'r 'rhan fwyaf o ffilosoffi oes' yn dadfeilio 'yn wyneb ymddrylliad "gwareiddiad" diweddar'.

Sylwn ar achlysuron rhai o'r cerddi eraill. Ymwelodd â'r fan lle claddwyd Pero'r ci a fu'n chwarae ag ef yn ei ieuenctid ddeugain mlynedd yn gynharach, ac ysgrifennodd 'Cyfaill'. Sylweddolodd fod ei wallt yn gwynnu a dyma esbonio 'Barrug' – rhaid imi gyfaddef na ddëellais ergyd y gân brydferth hon nes imi ddarllen y nodyn. Aeth ei fab hynaf o gartre am y tro cyntaf a ffrwyth y profiad oedd 'Chwalu'. Canodd i'r 'Crinddail' wedi gweld cawod ohonynt yn chwythu i mewn drwy'r drws ryw noson, ac i'r 'Gwenoliaid' wedi sylwi arnynt yn eistedd 'yn rhes ar wifrau y telegraff' yn y Gyffylliog ger Rhuthyn. Bu'n chwilio 'am weddillion Cristnogaeth' yn 'Ystrad Fflur'; canodd 'Dyn a Derwen' pan oedd ef wyneb yn wyneb ag angau 'hyd y gwyddai neb'; wedi darllen Milton a diflasu ar ei 'gymysgedd o baganiaeth a Christnogaeth' yr ysgrifennodd 'Ex Tenebris', ac yn y blaen.

Yn ogystal â nodiadau ar y caniadau fel y cyfryw, ceir hefyd eraill ar ddarnau neu linellau neilltuol, nodiadau sydd yn dangos y gwahanol brofiadau a roddai fod i'r darnau hyn, neu yn nodi'r personau neu'r golygfeydd a oedd gan yr awdur yn ei feddwl wrth ysgrifennu. Fe feddylir am fardd yn aml fel un yn 'dychmygu' deunydd ei farddoniaeth, yn yr un modd ag y creodd y Creawdwr y bydysawd, sef o ddim. Nid oes amau dychymyg T. Gwynn Jones, ond nid o ddim y crea. Fe ddengys y nodiadau hyn mai darluniau a disgrifiadau sydd ganddo yn aml o bersonau a adnabu ac o olygfeydd a welodd; ac y mae'r rhain mor fyw a diriaethol yn ei feddwl fel y gall ddweud pwy oedd y personau a lle y gwelodd y golygfeydd a hynny flynyddoedd wedi ysgrifennu'r caniadau. Fel y dywed ei hun yn ei 'Ragair': 'Hyd y gwn, y mae a wnêl pob un ohonynt rywbeth â bywyd fel y profais i ef, er defnyddio rhai o chwedlau'n tadau ac ereill i geisio'i osod allan.'

Edrychwn eto ar y gân 'Madog'. O ddarllen y nodiadau gwelir bod darnau helaeth o'r ail ran ac o'r bedwaredd yn ddisgrifiadau o brofiadau a gafodd y bardd ei hun. Cofio sydd yma ac nid 'dychymyg pur' (amheuaf yn fawr a oes y fath beth). Cofio y mae eto yn ei gân 'Gwlad Hud': sef cofio am ardal ei febyd. Am 'Gwlad y Bryniau' esbonia fod y ddau bennill cyntaf yn disgrifio golygfa yn ymyl yr Wyddgrug, Hydref 1908, y tri nesaf yn 'atgof am nant ger hen gartref yr awdur – Pentre Isaf, gerllaw'r Hen Golwyn – atgof hogyn tan ddeg oed.' Sylwer ar fanylder y cofio. Yn yr ail ran disgrifiad sydd o 'ryfelwyr yn dorf filain' wedi brwydro drwy'r dydd yn gorwedd i gysgu:

> Dan ludded, yn y rhedyn
> Rhywiog, a bras rug y bryn,
> Ar y llawr, gorweddai'r llu –
> O geilw gwsg, mynn glew gysgu!

Ar ymyl y ddalen ceir y nodyn canlynol: 'Atgof am gysgu yn y grug ar Fynydd Hiraethog, Awst 1905'. Ysgrifennodd y gân yn 1909, ysgrifennodd y nodyn yn 1926, ond y mae'n dal i gofio amdano ei hun yn cysgu'n braf yn y grug, ac yn gwybod hyd yn oed y flwyddyn a'r mis. Am y rhan olaf o 'Gwlad y Bryniau' dywed mai 'sail y caniad yw golygfa a welwyd yn y Castell (Caernarfon) adeg y Gynhadledd Geltaidd yn y dref yn 1903', a disgrifiad 'llythrennol' o'r hyn a welodd ac a glywodd y dydd hwnnw yw'r geiriau ar y diwedd:

> A phan araf orffennai ei eiriau,
> Torri'n llaes a wnaeth taran, ail lleisiau
>   O'r entyrch, ac ebr yntau yn uchel
> A'i wedd yn dawel, "Clywch floedd ein duwiau!"

Os oedd eisiau prawf o'r peth, rhydd y nodiadau hyn ddigon o brawf y brithir ei ganiadau drwyddynt ag atgofion. 'Atgof am fangre ger y Traeth Coch ym Môn' yw sail y disgrifiad adnabyddus yn 'Ymadawiad Arthur' sydd yn dechrau 'O'r drum, rhoes Bedwyr dremyn', a gweld bryniau Rhos Tryfan y mae o Fenai wrth ganu:

> Gwrid yr haul, a grwydrai hyd
> Y bau, bron, bob rhyw ennyd

Os mai fforest ddychmygol yn Llydaw oedd Broséliàwnd, disgrifio'r coed yn ardal y Gyffylliog a wna'r bardd yn y gân. Seilir darnau o 'Anatiomaros' ar atgofion o olygfeydd a welodd yn Iwerddon ac o Aberystwyth. Gwneir yn eglur yr atgofion oedd yn sail i lawer o'r caniadau eraill, megis 'Ymachlud Haul', 'Hydref', ac yn y blaen.

Am y nodiadau ar bersonau, nid oedd eisiau nodyn i wybod pwy oedd y W.J.G. y bu'n cyd-deithio ag ef 'mewn hoen i Benmon', yr E.M.H. y bu'n cyd-wylio ag ef yn y 'Sanctum', a'r T.F.R. a welodd y machlud haul yn ei gwmni yn Aberystwyth. Ond y mae'n ddiddorol gwybod pwy oedd T.O.J. ('Breuddwydion') a T.O.D. ('Draoidheacht'), W.J. ('Y Cyfarwydd') a W.E. ('Gynt ac Eto'). Diddorol hefyd y nodyn am yr hen Wyddel yn 'Ar y Ffordd' ac am y Rwsiad y cyfarfu ag ef yn yr Aifft, 'un o do isaf y werin', yn 'I Un Ohonynt'.

Defnyddiol yw'r nodiadau – nodiadau ar waelod y ddalen yn yr ystyr gyffredin yw'r rhain – ar Horas (Gregynog, 139), Mairìn de Barra (G.148), Bodrual a

Llanfaglen (G.162). Dengys y llawysgrif hefyd mai yn Helwân, yn yr Aifft, yr ysgrifennwyd 'Daear a Nef'. Ceir ychydig o gywiriadau yn y llawysgrif a fydd o ddiddordeb i ysgolheigion, yn enwedig y cywiriadau yn 'Ymadawiad Arthur'. Ond nid oes eisiau eu nodi yma. Dyma yn awr restr gyflawn o nodiadau yr awdur[1].

'Ymadawiad Arthur', t.3, ll.1: 'Y mae rhai o'r diwygiadau yn y gerdd hon yn ddyledus i brofiadau 1914-1919, pryd y lladdwyd cyfeillion i'r awdur oedd yn ymladd dros fwy nag un wlad.'

t.6, ll.16–26: 'Atgof am fangre ger y Traeth Coch ym Môn.

t.7, ll.2–5: 'Golwg ar fryniau Rhos Tryfan, sir Gaernarfon, o lannau Menai.'

t.17, ll.5–8: 'Atgof am ysgwner wen a welwyd o ben craig ar draeth Iwerddon, ynghano! heulwen brynhawn.'

'Gwlad y Bryniau', t.23, ll.8–15: 'Y ddau bennill cyntaf, golygfa yn ymyl yr Wyddgrug, Hydref, 1908.'

t.24, ll.19–24: 'Penillion 3–5, atgof am nant ger hen gartref yr awdur—Pentre Isaf, gerllaw i'r Hen Golwyn—atgof hogyn dan ddeg oed.'

t.28, ll.16–t.29, ll.7: 'Eryri'.

t.31, tan ll.4: 'Penillion 1–3, golygfa rhwng Caernarfon a'r Waun Fawr.'

t.32, ll.17–t.33, ll.2: 'Profiad ym Mau Biscaia.'

t.34, ll.17–24: 'Atgof am gysgu yn y grug ar Fynydd Hiraethog, Awst 1905.'

t.39, ll.7–16: 'Penillion 1–2, atgof am y coed wrth yr hen gartref.'

ll.25–t.40, ll.14: 'Atgof am hen gydymaith a fu farw.'

t.43, ll.5: 'Castell Caernarfon o'r wlad tua Rhos Tryfan. Sail y caniad yw golygfa a welwyd yn y Castell adeg y Gynhadledd Geltaidd yn y dref yn 1903.'

t.45, ll.5–26: 'Arglwydd Castletown oedd y gŵr.'

t.47, ll.5–8: 'Digwyddodd hyn yn llythrennol pan oedd Arglwydd Castletown yn gorffen llefaru, a dywedodd yntau'r geiriau.'

'Broséliàwnd', t.64, ll.16–18: 'Coed yn ardal y Gyffylliog.'

[1] *Rhif tudalennau a llinellau argraffiad Gregynog a nodwyd gan R. I. Aaron yn ei erthygl; newidwyd y rheiny i gyfateb i'r argraffiad newydd hwn.*

'Anatiomaros', t.71, ll.6–18: 'Lle cyferfydd dŵr croew afon Laoi â'r dŵr hallt, rhwng Cork a'r môr. Coed o bobtu yn cyrraedd at fin y dŵr, a'r pellter yn edrych fel coedwig, i un a ddêl o'r môr.'
t.72, ll.13–16: 'Profiad ar gwch ar afon Laoi.'
t.73, ll.1–10: 'Golygfa o Ben Craig Lais, Aberystwyth.'
'Madog', t.79, ll.1–4: 'Golygfa o ymyl Abermenai, ar doriad gwawr yn yr haf.'
ll.11–14: 'Llongau rhyfel yn hwylio allan o Borth Said, yn 1906.'
t.80, ll.4–9: 'Atgof am forio drwy Fau Biscaia.'
t.86, ll.11–t.88, ll.12: 'Atgof am forio, a gweled Cymru'n diflannu yn y pellter. Noswaith ar y môr, wedi colli golwg ar dir Lloegr.'
t.89, ll.3–12: 'Ystorm sydyn, ar y Môr Canoldir, Hydref, 1905.'
t.89, ll.13–t. 90, ll.10: 'Cyfansoddwyd fel rhyw fath ar ddihangfa rhag erchyllterau'r cyfnod. Nid ymddengys fod neb wedi deall hynny ar y pryd!'
'Y Gynneddf Goll', t.108, ll.5–19: 'Dadfeiliad y rhan fwyaf o ffilosoffi oes, yn wyneb ymddrylliad "gwareiddiad" diweddar.'
'Ex Tenebris', t.111, ll.2–tan y llinell olaf: 'Ar ôl diflasu ar ddarllen cymysgedd Milton o baganiaeth a Christnogaeth.'
'Y Trydydd', t.117, ll.8–16: 'Dramadeiddiad o broblem tad a mab hysbys i'r awdur.'
'Am Ennyd', t.122, tan y llinell olaf: 'Wrth feddwl am y pethau a welwyd yn Senghenydd, ac a glywyd yno yn y Cwest ar y dynion a laddwyd yn y tân yn y gwaith glo.'
'I Un Ohonynt', t.124, ll.23–t.125, ll.8: 'Cymeriad o Rwsiad a adnabu'r awdur yn yr Aifft.'
'Wrth Eu Ffrwythau', t.127, ll.23–t.128, ll.8: 'Seiliwyd ar beth a ddigwyddodd mewn gwersyll nafis yn Sir Gaernarfon.'
'Sanctum', t.132, ll.1: 'Darn o brofiad E. Morgan Humphreys a'r awdur.'
'Ymachlud Haul', t.135, tan y llinell olaf: 'I olygfa a welodd y Prifathro T. F. Roberts a'r awdur gyda'i gilydd, oddi ar draeth Aberystwyth un hwyr.'
'Hydref', t.138, ll.1: 'Golygfa o ben y Graig Lais, Aberystwyth.'
'Gwlad Hud', t.140, ll.1: 'Hen gartref yr awdur a'r ardal o gwmpas, atgofion cynnar fel sail.'
t.148, ll.7–21: 'Syniad plentyn wrth wylio'r brain yn dyfod adref.'
t.149, ll.10–17: 'Atgof am y tro cyntaf y gwelwyd afon wedi rhewi.'
t.151, ll.7–13: 'Cariem ddŵr o'r ffynnon hon.'
t.152, ll.21: 'O fons Bandusiae, splendidior vitro' (Hor. Lib. III, carmen xiii).
'Penmon', t.154, ll.1: 'I W. J. Gruffydd.'

t.155, ll.5–8: 'Gwelir yn fynych ar greigiau Penmon.'

'Hydref', t.157, ll.1: 'Golygfa yn Nyffryn Clwyd.'

'Breuddwydion', t.159, ll.1: 'I T. O. Jones, "Gwynfor", Caernarfon.'

'Unwaith Daw Eto Wanwyn', t.161, ll.1: 'Wrth glywed aderyn yn canu ar odre Pen Dinas, Aberystwyth.'

'Draoidheacht', t.162, ll.1: 'I Tadhg O'Donnchadha, "Tórna", Athro Celteg, Coleg Prifysgol Cork, â gwaed Cymreig ynddo—gwaed Gwyddelig hefyd yn yr awdur.'

t.162, ll.19–t.163, ll.12: 'Yn nhŷ Tórna. Hen gainc Wyddelig yw "Mairín de Barra".'

t.163, ll.24–t.164, ll.5: 'Baile Coitín, ar draeth y de.'

'Dyn a Derwen', t.166, tan y llinell olaf: 'Pan oedd yr awdur wyneb yn wyneb ag angeu, hyd y gwyddai neb.'

'Y Cyfarwydd', t.169, ll.1: "William Jones, brodor o Bwllheli. Un a dawn yr hen gyfarwyddon ganddo.'

'Barrug', t.170, tan y llinell olaf: 'Pan sylweddolais fod fy ngwallt wedi gwynnu.'

'Rhos y Pererinion', t.171, ll.1: 'Rôs Ailithir, neu Rôs Cairbre, yn Iwerddon, lle'r oedd ysgol enwog yn y ddegfed ganrif.'

'Ynys Enlli', t.172, tan y llinell olaf, 'Wrth ei gweled o Aberystwyth un prynhawn pan oedd cysgod ar y byd.'

'Ystrad Fflur', t.173, tan y llinell olaf: 'Wedi treulio diwrnod yno yn chwilio am weddillion Cristnogaeth.'

'Crinddail', t.174, tan y llinell olaf: 'Wedi gweled cawod o'r crinddail yn dianc o'm blaen i mewn i'r tŷ wrth i mi agor y drws un noswaith ystormus.'

'Gwenoliaid', t.175, tan y llinell olaf: 'Wedi eu gweled yn cychwyn o'r Gyffylliog, ger Rhuthun.'

'Ar y Ffordd', t.176, tan y llinell olaf: 'Hen gerddedwr o Wyddel yn siarad Gwyddeleg, yn y wlad rhwng Cork a chyfeiriad Kerry. Lleferydd ag ymddygiad gŵr bonheddig ganddo. Dyma'r ymddiddan air am air:

'Dia's Muire agat, a dhuine uasal! Tabhair dom bluirín beag tobac, ma'se do thoil. Tá se mâth go leor in ahig an tocaras, mar a deirtear... Táim anabhuidheach duit, a dhuine uasal! Da mbeinn-se i lâr, lá an luain, dearfinn 'thug-se bluirœn tobac do dhuine bocht, lá!'

[Bu Mr. D. Myrddin Lloyd mor garedig â chyfieithu hwn i Gymraeg i mi fel hyn:

"Duw a Mair gyda thi, ŵr bonheddig! Dyro imi binsyn bach o faco, os gweli'n dda. Ma 'nhw'n dweud ei fod e'n dda iawn i gadw chwant bwyd i ffwrdd... Yr wyf yn ddiolchgar iawn iti, ŵr bonheddig. Os byddaf wrth law, ar Ddydd Llun (sef Dydd Brawd), dywedaf, 'Rhoes ef binsyn o faco i ddyn tlawd un dydd!' R.I.A.]

'Eryri Wen', t.177, tan y llinell olaf: 'Wrth gofio am ddringo'r Wyddfa ar ddau achlysur.'

'Breuddwyd Dafydd Rhys', t.178, ll.23–t.179, ll.16: 'Cais i ddehongli teitl hen gainc, heb eiriau i'w chanlyn, a gefais gan Dr. Lloyd Williams, Aberystwyth.'

'Chwalu', t.180, tan y llinell olaf: 'Pan aeth fy machgen hynaf oddi cartref am y waith gyntaf.'

'Pelydryn', t.181, tan y llinell olaf: 'Peth a ddigwyddodd ar yr heol yn Aberystwyth.'

'Gynt ac Eto', t.182, ll.1: 'William Eames, golygydd argraffiad masnachol y *Manchester Guardian*—gynt o Gaernarfon.'

t.182, ll.1: 'Melin Bodrual, o fewn rhyw filltir i dref Gaernarfon—adfail ynghanol coed, fel darn o'r Oesau Canol.'

t.182, ll.6: 'Eglwys Lanfaglen, ryw filltir neu ddwy o dref Gaernarfon, hen eglwys fach, ynghanol y meysydd, heb ddim ond llwybr troed tuag ati.'

'Glaw ym Mai', t.183, tan y llinell olaf: 'O ben y Graig Lais.'

'Yr Englyn', t.183, tan y llinell olaf: 'Gwnaed wrth gerdded gyda chyfaill o Englynwr ar draws y mynydd o Bentrellyncymer i Gynwyd.'

'Cyfaill', t.185, ll.1: 'Ar y llannerch lle claddwyd Pero dros 40 mlynedd yn ôl.'

'Cwm Penmachno', t.185, tan y llinell olaf: 'Hen gartref teulu fy nhad ers dros dri chan mlynedd.'

'Am Byth', t.186, tan y llinell olaf: 'Cyfeillgarwch a dorrwyd yn ffôl.'

'Rhy Lân', t.186, tan y llinell olaf: 'Er cof am un a fu farw yn ei hieuenctid.'

'Cof ac Angof', t.186, tan y llinell olaf: 'Wrth geisio a methu galw pethau gynt i gof.'

'Rhosyn Hwyr', t.187, tan y llinell olaf: 'Ar ymyl Plas Crug, Aberystwyth.'

'Briallen Gynnar', t.187, tan y llinell olaf: 'Ar y cae wrth y Buarth, Aberystwyth.'

'Glöyn Byw', t.187, tan y llinell olaf: 'Ar y cae wrth y Buarth.'

'Gwennol', t.188, tan y llinell olaf: 'Wrth eu gweled yn ymgasglu at ymadael, ar do'r Chemical Lab., Aberystwyth.'

'Bywyd', t.189, ll.9–14: 'Ymneilltuaeth.'

R. I. AARON